浙江文化艺术发展基金资助项目

PROJECTS SUPPORTED BY ZHEJIANG CULTURE AND ARTS DEVELOPMENT FUND

浙江文化
基因丛书

吴越◎主编

钱江源头

开化文化基因

陈贤敏◎编著

杭州出版社

图书在版编目（CIP）数据

钱江源头：开化文化基因 / 陈贤敏编著. -- 杭州 ：
杭州出版社，2025. 1. --（浙江文化基因丛书 / 吴越
主编）. -- ISBN 978-7-5565-2725-0

Ⅰ. G127.554

中国国家版本馆 CIP 数据核字第 20242YW618 号

QIANJIANG YUANTOU——KAIHUA WENHUA JIYIN

钱江源头——开化文化基因

陈贤敏　编著

策　　划	屈　皓
责任编辑	徐玲梅
责任校对	陈铭杰
装帧设计	魏君妮　卢晓明　王立超
美术编辑	王立超
责任印务	王立超
出版发行	杭州出版社（杭州市西湖文化广场 32 号 6 楼）
	电话：0571-87997719　邮政编码：310014
	网址：www.hzcbs.com
排　　版	杭州立飞图文制作有限公司
印　　刷	天津画中画印刷有限公司
经　　销	新华书店
开　　本	710mm×1000mm　1/16
印　　张	14.25
拉　　页	1
字　　数	225 千字
版 印 次	2025 年 1 月第 1 版　2025 年 1 月第 1 次印刷
书　　号	ISBN 978-7-5565-2725-0
定　　价	68.00 元

"浙江文化基因丛书"编委会

"浙江文化基因丛书"序

习近平总书记指出："支撑5000多年中华文明延绵至今的，是植根于中华民族血脉深处的文化基因。"[①]浙江是中华文明的重要发源地之一，文化底蕴深厚，文化名人辈出。一叶红船从嘉兴南湖驶出，在时代浪潮中驭势而行；沿"唐诗之路"踏歌而行，千古诗篇回响在山水之间；还有良渚文化、宋韵文化、上山文化、黄帝文化、南孔文化、和合文化、阳明文化、丝瓷茶文化、古越文化、吴越文化……这些文化基因，共同铸就了浙江的"根"和"魂"。

2024年3月6日，浙江省文化广电和旅游厅印发《浙江省文化基因激活工程实施方案（2024—2026年）》，这是继2020年浙江省文化和旅游厅印发的《浙江省"文化基因解码工程"实施方案（试行）》《浙江省"文化基因解码工程"工作导则》和2021年8月浙江省文化和旅游厅印发的《建设文化标识推进文旅融合行动计划（2021—2025年）（试行）》之后，为更好担负起新时代新的文化使命，深入贯彻省委十五届四次全会部署，在全省实施的又一项文化基因重大工程。

---

① 习近平：《携手建设更加美好的世界》（2017年12月1日），人民出版社，2017年，第3页。

文化基因解码工程，是文化基因激活工程的坚实基础。文化基因，顾名思义，是指从文化形态切入，厘清其历史渊源、发展脉络、基本走向，从物质、精神、制度要素，语言和象征符号等进行分析、解码所提取的关键知识内核。文化基因解码，围绕中华优秀传统文化、革命文化和社会主义先进文化，按照3个主类、20多个亚类、约100个基本类型分别归档，确保历史年代、地理位置、流布范围等数据均记录在册，挖掘、研究、阐释优质"文化基因"，对全省文化资源进行全面梳理。这是一项集"查、解、评、用"于一体的综合性系统工程。全省开展90个县市区的文化基因解码任务，包括文化元素调查、文化基因解码评价、《文化基因解码报告》撰写、证据资料汇总保存建档等，并在此基础上建成"浙江文化基因库"。文化基因解码，起于"查"，终于"用"。"查"就是铺开"一张网"，广泛收集区域内的文化资源，作为"解"的对象。"解"重在找准四大要素，提取一组基因。四大要素是指物质要素（如原料、工具、环境等）、精神要素（如思想观念、群体性格等）、制度要素（如乡规民约、族规家规、礼节礼仪、表演技艺、创作技法等）、语言和象征符号（如方言、图形、标志、表情、动作、声音等）。通过对四大要素的分解梳理，遴选重点文化元素作为解码对象，从中提取出关键性的知识（技术）点。然后通过对选择的文化基因解码，从生命力、凝聚力、影响力、发展力四个维度进行质量评价。最终用基因塑造IP，以文旅IP开发作品、设计产品，以作品、产品点亮城市生活、赋能乡村振兴。浙江以文化基因为根、文旅融合IP为脉，打造了一条以城带乡、城乡互促的发展闭环，推动文化资源的"活化"利用，把解码成果与提高人民群众生活品质相结合，这就是"用"。以人文之美推动精神之富足，增强浙江高质量发展建设共同富裕示范区的文化自觉。

显然，文化基因是传承和创新的基石。文化基因作为一个社会文化系统的逻辑起点，是一个社会存在和进化、变革和发展的决定力量。文化基因解码就是要把社会文化系统中所表现出来的文化形态、思维方式、行动模式、礼仪符号、风俗习惯等加以还原，揭示其本初原因和底层逻辑。改革开放四十余年来，浙江出现了令人瞩目的"浙江现象"，表现为快速的经济增长、蓬勃的发展活力、和谐的社会环境、显著的民生绩效。"浙江现象"源于浙江精神和浙江的文化基因。正确界定、充分挖掘浙江文化的内涵价值，解码浙江的文化基因，对于构建起有效支撑文化建设和旅游发展的"四梁八柱"，推动文化建设和旅游发展各项指标持续名列全国前茅，着力建设新时代文化高地、中国最佳旅游目的地、全国文化和旅游融合发展样板地具有重要而深远的意义。

如何寻找突破口？各地在选"码"、解"码"、用"码"的整个闭环中，成立解码专项小组，构建"乡土专家＋高校资源＋系统人才"三方协作机制，高效推进解码工程。首批编辑出版的"浙江文化基因丛书"中汇集的富阳、南浔、南湖、绍兴、瑞安、平阳、苍南、普陀、岱山、嵊泗、定海、临海、南孔圣地、开化、常山、金华（经开区）、遂昌、云和、景宁、宁波江北等地的研究成果，正是在归纳总结、科学分析浙江文化基因的基础上，探索文化基因解码的方法和路径，同时从人类学、社会学的角度，运用现象学原理，在哲学层面进行解构、剖析，既有理论深度，又能方便应用。丛书勾勒出各地推进文化基因解码工程的概貌。成果本身的内容、方法、转化等，对各地都有很强的示范作用和借鉴意义。

可以说，"浙江文化基因丛书"中的成果，以浙江文化高质量发展为目标，以融合发展为重点，紧扣激活优秀文化基因，以文化基因的挖掘利用赋能文化事业和文旅产业发展，为我省文旅发展再上新台阶、为文化浙江建设贡献了力量。

叶志良

2024 年秋于杭州

目　录

前　言

　　"顿教天地多生意，开化年年雨应时。"钱江源头，一杯龙顶香万里，勾连游人到春山。开化位于浙江省西部，浙皖赣三省交界，北宋太平兴国六年（981）建县。开化是衢州地区唯一的革命老区县，有革命老区村108个，拥有革命旧址、遗迹116处。开化县素有"九山半水半分田"之称，被誉为"华东绿肺"，是国家级生态县、"中国天然氧吧"、中国根雕艺术之乡。

　　追本溯源，开化县梳理出的文化元素，覆盖了中华优秀传统文化、革命文化、社会主义先进文化各个类型，基本摸清了开化的文化基因家底。

　　对于开化文化基因的激活利用，创新开发文创产品是重要载体和呈现形式。我们通过定期举办旅游商品文创大赛，浓厚县内文创行业比拼赶超、争先创优氛围，激发文创工作者创作热情，不断创新文创精品，已举办四届开化好地方旅游商品文创大赛，评选出不少文化基因转化利用的优质文创产品。

　　开化以山水文化基因为墨，绘就钱江源头的崭新时代画卷。我们从开化县文化基因的历史文化源流、文化影响力角度出发，持续做好文化基因激活的具体项目策划和文旅活动落地。今后，我们将培育和打造一批具有示范性、影响力的文化基因激活项目，推动开化县优秀的山水文化基因走进当代，走向未来。

李 霞

2023 年 11 月

开化钱江源

钱江源头　开化文化基因

开化钱江源

　　钱塘江，古称浙江，是浙江省流域面积最大的河流，是浙江人民的母亲河。"浙江"自成为行政区域名称以后，逐渐由"钱塘江"之名替代。

　　1999 年年初，浙江省组织一批专家再次对钱塘江河源进行数次实地考察，记录和积累了大量资料，并根据确定河流河源的标准和综合考虑、分析的原则，即河流长度、流域面积、两江汇合处出境水流量这三个指标的对比论证，最终认定："把衢江上游定为钱塘江源头更为合理，因为源自莲花尖的莲花溪，源自龙田乡境内的龙溪，都在浙江省开化县齐溪镇汇聚成河。齐溪镇的得名也由此而来，因此钱塘江的源头应该在开化县的齐溪镇境内。"

1999年11月11日，新华社向全国发了专稿：钱塘江的源头在哪里？经过专家多方考察，这一历史"悬谜"终于有了定论：钱塘江源头出自浙江西部的开化县境内。同年11月，全国人大常委会原委员长乔石题字："钱江源——保护源头生态平衡，功在当代，利在千秋。"2000年6月，时任浙江省省长柴松岳题字："钱塘江源头。"现均铭刻在莲花尖下。①

浙江钱江源国家森林公园位于浙江省西部边境的开化县境内，浙皖赣三省交界处，为浙江省最大河流钱塘江的发源地，是国家生态文化教育示范基地、中国国家森林公园、浙江省省级风景名胜区。公园总面积约45平方千米，以开化县林场齐溪分场的森林为主体，包括齐溪水库和齐溪镇的

部分行政村。整个森林公园山高林密，景色优美，环境优越，交通便利，域内海拔千米以上的山峰有25座，岩崖嶙峋，瀑布众多，溪水清澈，冬暖夏凉，旅游资源丰富，是集旅游观光、避暑度假、休养健身、科学考察、生态教育及生物多样性保护于一体的综合性的国家森林公园。公园交通便利，205国道、京台高速穿境而过，距开化县城约40千米，距黄山风景名胜区约90千米，距千岛湖风景名胜区约50千米，距三清山风景名胜区约90千米，地处旅游黄金通道。

浙江钱江源国家森林公园旅游资源丰富，人文景观集中，这里有钱江流域第一湖——水湖，有浙西绿茶第一山——大龙山，有江南第一瀑——漈坑飞瀑。整个公园由水湖、枫楼、莲花溪、卓马坑、莲花塘等景区组成，景点遍布，处处是景。水湖是人工湖，

① 2010年9月30日，浙江省测绘与地理信息局发布《关于启用浙江省主要河流长度、流域面积、主要湖泊面积数据的公告》，指出：钱塘江以北源新安江起算，长588.73千米；以南源衢江上游马金溪起算，长522.22千米。《辞海》第7版以"休宁县六股尖"为源头。但本书作者坚持钱江源头出自开化齐溪镇之说。

齐溪水库建设后，形成了2.45平方千米的水面。水湖景区四周群山起伏，绵延叠翠；湖面波光粼粼，倒影如镜；湖中有岛，林木葱郁，曲径通幽；湖前有望湖栈道、龙山神泉，神泉下建有山庄，是商务会议和休闲度假的理想去处。从水湖码头乘船往西，便是枫楼景区了，景区内有凤留涧、仙人谷、九瀑十八潭等景点，还有枫楼古村旧址，游客在水湖码头下船后，可乘电瓶车而入，也可徒步而行，一路休闲。从水湖山庄乘车往西北方向，依次可到有莲花溪、卓马坑和莲花塘景区。卓马坑景区以览松闻涛为特色，在卓马峡内海拔600米以上的山岗中，数千亩连片的黄山奇松让你一饱眼福。莲花溪与莲花塘合为莲花景区，以观瀑戏溪为特色，有天子坟、天子湖、九曲十八滩、钱江源大峡谷等，尤其是钱江源大峡谷，集圣、奇、峻、秀于一体，漈坑飞瀑落差高达130米，水从天降，犹抱琵琶，常年不断，瀑布之上有良田百亩，让你感受宁静与悠远。莲花塘景点有两座千米以上尖峰并立：一为莲花尖，是钱塘江的发源地；二为伞老尖，在此可一脚踏上浙皖赣三省。

公园内有数万亩原始次生阔叶林，木本植物720余种，包括南方红豆杉、长柄双花木、红楠等国家一、二级保护植物。景区内活跃着黑麂、棕熊、红嘴蓝鹊、相思鸟等大量野生动物。森林公园建设遵循"保护、培育、合理开发利用"的方针，有效地保护了森林和动植物资源，促进了公园内的生物资源种类和数量不断增加，生态功能不断完善，生态效益不断提高，为开化生态县创建作出重要贡献，同时带动和促进开化县森林旅游的兴起。

开化县拥有丰厚的诗词文化，从五代时期发端，这里先后涌现出江少虞、张道洽、徐子荣等优秀诗人和《张实斋梅花诗》《竹素山房诗集》《竹林诗稿》等一大批诗文集。开化县委、县政府历来重视文化事业发展，始终把文化事业摆在突出位置。新中国成立以后，尤其进入21世纪以来，随着各级诗词与楹联学会的相继成立，开化格律诗创作无论在数量还是质量上都得到了大幅度的提升。开化县诗词学会自2001年成立（2014年12月注册）至今共创作诗词2万余首，编辑《钱江源诗刊》，印行《钱江源诗词》等集子。其中，颇有影响的诗集有程秉绶先生的《退安居诗联选》和余宝义先生的《樵子诗文选》。群众性诗词创作活动的开展，不仅传承和弘扬了开化的优秀历史文化，也为创建生态文明县、先进文化县和国家公园建设作出了应有的贡献。近年来，开化县以钱塘江诗路文化带根源地建设为载体，积极传承弘扬诗词礼赞的人文精神，潜心挖掘诗词文化的时代价值。推进百里金溪画廊诗画风光带建设，"十里诗林·百里诗卷"成亮丽风景线。成立"五大诗社"、15个诗词组织，县诗词学会会员作品在《中华诗词》等各级诗词刊物发表600余首，全县诗词领域荣誉不断。

目前，浙江全省正在各地开展形式多样的诗路文化活动，大江大河是伟大诗歌诞生的地方，生态文明能有效反哺诗歌创作。钱江源优质的生态环境为开化奠定了诗词文化繁荣的基底。2020年12月，"钱塘诗路·开化寻源"百名诗人走进钱江源诗词采风活动在开化县成功举办，百余名诗人走进开化进行采风创作，为钱塘江诗路文化带根源地建设增添了更多的诗词元素。曾在2008年，"中国诗歌万里行·走进钱江源"活动就在开化县根雕博览园启动，来自全国各地的12位著名诗人走进钱江源，包括祁荣祥、祁人、洪烛、马丁林、李犁、雨田、周占林、张彬彬、谈薯、冯向峰、任少云、胡雨泽等。当时，诗人谈薯在美丽的钱江源头就即兴吟诵自己的诗作："如果我做一棵树／我就做杉树／长在开化／守候着钱江源／喝／第一口源头水／看／第一眼碧蓝天／听／第一声石上流／吸／第一腔清心风／上风上水好心情……"引得众人一片喝彩。

近年来，钱江源突破"森林公园"范畴，积极推进钱江源国家公园体制试点工作。未来，开化将持续做好源头文化，主动联合诗路沿线各地，擦亮珍珠，串珠成链，以更高标准做好钱江源文化的保护、传承、开发和利用，打造入耳、入眼、入心的文化和旅游产品，充分展示钱江源的历史之美、山水之美、人文之美，为新时代钱江源文化的发展注入新的动能，把开化打造成展示人与自然和谐共生、人文与生态相得益彰的形象窗口以及弘扬文化的美丽窗口。

一、要素解码

（一）物质要素

1.钱江源头丰富的自然资源

一是森林资源。浙江钱江源国家森林公园森林资源极为丰富，很多地区仍保留着大片钱江源国家森林公园的原始次生林，山高林密，古木参天，森林覆盖率高达97.55%。二是动物资源。截至2014年，浙江钱江源国家森林公园有两栖类7科26种，爬行类9科51种，鸟类30科104种，兽类21科58种。三是水景资源。浙江钱江源国家森林公园内有数十条溪流山泉，从纵横交错的沟谷涌出，随地形变化。四是山体资源。区域内有海拔千米以上山峰25座（占开化县境千米以上山峰的54%），最高峰外溪岗海拔1266.8米，著名山峰莲花尖海拔1136.8米。五是旅游资源。这里有钱塘江流域第一湖——水湖，浙西绿茶第一山——大龙山，江南第一瀑——漈坑飞瀑。整个公园由水湖、枫楼、莲花溪、卓马坑、莲花塘等景区组成，景点遍布，处处是景。水湖是人工湖，齐溪水库建设后，形成了2.45平方千米的水面。水湖景区四周群山起伏，绵延叠翠；湖面波光粼粼，倒影如镜；湖中有岛，林木葱郁，曲径通幽；湖前有望湖栈道、龙山神泉，神泉下建有山庄，是商务会议和休闲度假的理想去处。枫楼景区内有凤留涧、仙人谷、九瀑十八潭等景点，还有枫楼古村旧址。从水湖山庄乘车往西北方向，依次可到的景区有莲花溪景区、卓马坑景区和莲花塘景区。卓马坑景区以览松闻涛为特色，在卓马峡内海拔600米以上的山岗中，数千亩连片的黄山奇松让你一饱眼福。莲花溪和莲花塘合为莲花景区，以观瀑戏溪为特色，有天子坟、天子湖、九曲十八滩、钱江源大峡谷等，尤其是钱江源大峡谷，集圣、奇、峻、秀于一体，漈坑飞瀑落差高达130米，水从天降，犹抱琵琶，常年不断。

2. 地理位置得天独厚

浙江钱江源国家森林公园位于"浙江母亲河"钱塘江的源头——开化县齐溪镇，钱江源风景名胜区地处浙皖赣三省交界的开化县北部，在千岛湖—黄山—三清山黄金旅游线上。

3. 环境优越，气候宜人

浙江钱江源国家森林公园内峰峦叠嶂，具有典型的江南古陆强烈上升山地的地貌特征，形成了山河相间的地形特点。齐溪镇绝大部分为地势较高的中山地区。浙江钱江源国家森林公园属于浙西中山丘陵，地带性土壤为红壤。这里温暖湿润，年平均降雨量1814毫米，日照时数1712.5小时，属亚热带季风气候，四季分明，温和宜人。常年平均气温16.4℃，昼夜温差平均为10.5℃，无霜期252天。此地素有"中国的亚马孙雨林"之称。

（二）精神要素

1. 勇立潮头的精神

开化是钱塘江的源头，正是钱江源头的"一滴水"，汇溪成江，以一泻千里的气势成就了钱塘江的滚滚浪潮，也孕育了开化生生不息的活力和繁荣。这"一滴水"，不仅代表开化人一往无前、锲而不舍、勇立潮头的精神，也是开化人对生态理念一以贯之的传承。"衢州有礼·根缘开化"，高度浓缩了开化作为钱江源头这座幸福小城的文化元素和气质。近年来，开化充分发挥钱江源国家公园的溢出效应，做大做强"根缘开化"城市品牌，助推开化高质量发展，从国家公园、钱江源头、根宫佛国到开化十大名菜、暗夜公园等，整合文旅资源，着力打造全国首个县级文旅 IP，掀起文旅深度融合的热潮。开化还率先推出全国首趟"钱江源号"旅游专列，文旅融合发展硕果累累，荣获全省文旅融合先进县、全省文旅产业融合发展十佳县区。未来，开化将继续以勇立潮头的气魄、奋发进取的精神、务实苦干的作风，强化使命担当，持续繁荣文化事业，为高质量打造文化高地金名片和国家公园城市金名片作出新的更大贡献。

2. 绿水青山就是金山银山的理念

开化县从"生态立县"的持续坚持，到国家公园的探索先行，从"一江清水出开化"的使命担当，到百里金溪画廊的"两山"实践，从关停 200 多家污染企业的"壮士断腕"，到近千家民宿拔地而起的"风起云涌"，如今，绿色发展、生态富民的钱江源头"大花园"风景正好。2016 年，钱江源国家公园正式成为全国首批 10 个、长三角经济发达地区唯一的国家公园体制试点区。开化以最高标准、最实措施、最严监管，铁腕整治生态环境，打造绿水青山新优势，国家公园体制试点

中期评估名列全国前茅，好山好水已然成为开化经济发展的"绿色引擎"。开化充分发挥"钱江源"区域公用品牌和钱江源国家公园集体商标"两个钱江源"品牌效应。开化的山，峰奇谷幽，堆荫叠翠，境内森林覆盖率高，被誉为中国最绿的县域之一。开化的水，碧澈如蓝，映带左右。开化境内河湖密布，水量充沛，出境水质Ⅰ、Ⅱ类以上占比常年保持在 98% 以上，是浙江的"大水缸"。开化的空气，天朗气清，惠风和畅，县城负氧离子浓度平均达到 3770 个 / 厘米^3，是全国第一、浙江首批"中国天然氧吧"。在保护生态自然环境的基础上，开化不断探索"绿水青山就是金山银山"的转化之道，着力推进共同富裕。

3. 生态立县的理念

1998 年，开化县委、县政府提出了"生态立县"战略。同年底，开化

县林业局完成了钱塘江源头地区森林生态保护总体规划，1999年年初由省林业厅批准实施。开化县林业局编制了《开化县钱江源绿色长廊工程建设总体规划》，县政府常务会议讨论通过并发布实施。其内容包括森林生态工程、水土保护工程、环境保护工程和旅游发展工程等四方面，整个工程建设期为三期实施。1998年11月，根据省林业厅《关于禁止采伐天然阔叶林生产木炭和运输有关事项的通知》，开化县全面禁止天然阔叶林采伐。2001年，开化县开展生态公益林界定工作，拉开了生态公益林建设的序幕。在建设森林公园进程中，进行了生态文化建设，落实"生态立县、特色兴县"战略，构建林业生态文化体系，使公园切实担负起建设生态文化的重任，为社会创造出更多更丰富的生态文化成果。同时，树立现代林业经营理念，使生态公益林带来显著的生态效益。由生态文化建设带来的森林生态旅游、森林文化展览等又产生了较好的社会效益和经济效益，符合科学发展观，体现了现代林业经营理念。在生态文化建设中，一是充分利用本区域丰富的自然资源和良好的产业基础，以生物多样性保护和特色森林生态文化建设为主题，展示森林的形成、发展、演替规律，以及森林与人类的关系。二是集中展现开化县丰富的物种、典型的分布、良好的生态、历来的生态林业建设成就以及悠久的历史文化和民风民情，以开发森林旅游资源，壮大生态旅游产业。三是以加快生态经济强县建设为动力，遵循自然规律和经济社会发展规律，保护为主，合理开发，科学规划，合理布局，突出重点，分步实施，把项目建设成为自身特色明显、文化内涵丰富、生态功能齐全、配套设施完善的国家级森林生态旅游胜地、林业教育科研基地和社会主义新农村建设示范基地。

（三）制度要素

1. 封山禁林、杀猪禁渔的习俗

封山禁林是开化秉持生态自觉意识，遵从族训家规，敬畏自然、保护自然，牢牢守护绿水青山，以绿色发展的理念让老百姓实现"绿富美"的生态礼仪文化展示和传承方式。在库坑村西坑自然村，从明朝时期就流传着"杀猪禁渔"的传统族规，一直流传到近代。旧时族内长者觉得生态河流是村民赖以生存的本源，应予以保护，于是村里集体杀了几头猪分肉，村民领了肉，便不能再捉河道内的野生鱼。如村民要吃鱼，便自家挖塘养鱼。如果违反约定，就要给全村人杀猪分肉，以示惩戒。这样的约定朴素有效，是西坑村有近两百年历史的传统。历年来，村内人鱼和谐，河里成群的野生石斑鱼已经成为一道亮丽的风景。

2. "百里清水河道"工程

2003年，浙江启动"万里清水河道"建设。根据这一宏伟目标，开化县提出自2003年至2007年，用五年时间全面开展河道整治，完成开化县建设"百里清水河道"的任务，通过对河道综合治理，改善水环境，实现"水清、流畅、岸绿、景美"的目标。为此，根据省水利厅的统一部署，县水利局成立了开化县河道整治规划编制小组，抽调专人进行该项目的编制工作。在

大量的调查摸底和计算分析的基础上，经反复论证，于2003年3月完成了规划的编制，并经衢州市水利局批复，县政府审批后，于当年开始实施。

3. 百里绿色长廊建设

钱江源绿色长廊西起钱塘江发源地——齐溪镇莲花尖，沿马金溪、伴205国道至华埠镇下界首，全长125千米（称百里绿色长廊），区域辖齐溪、霞山、马金、底本、音坑、城关、星口、华埠及国有林场，八乡（镇）一场，总面积106.4万亩（合约709.33平方千米），其中林业用地86.2万亩（合约574.67平方千米）。该项目2000年被共青团中央等八部委联合授予"全国保护母亲河示范工程"荣誉称号，被列入浙江省"星火计划"项目。

（四）语言和象征符号

教化育人的传说故事——莲花塘的传说

莲花塘坐落在浙江、安徽、江西三省交界处的莲花峰上，海拔1100米左右，面积达30余亩（合约2万平方米），水深2米有余。相传很久很久以前，莲花塘水质清澈，每到五六月，莲花盛开，红白相间，景色十分秀丽。

塘畔建有一座观音庙，据说菩萨很灵，因此香火一直很旺。不知什么时候，莲花塘来了一条小赤龙，很是顽皮，喜欢恶作剧，经常兴风作浪，惊扰香客游人，弄得人们不敢登山拜佛赏景。观音菩萨见此，便施展法力将它擒住，并把它变成一条小蛇锁在千斤缸内，由当家和尚看养。日月经天，一晃就是几百年，看护的和尚代代相传，也不知换了多少代。小赤龙在缸中修炼，越来越规矩，性格也越来越温顺，而庙却越来越破败。为此，当家和尚决定外出化缘，重修寺院。临行时，吩咐小和尚认真看护小蛇，并叮嘱他每天要喂食三次，不可缺一。谁知当家和尚一去数月不归，小和尚一人在庙里，不仅无聊，而且生活也发生了困难，经常吃一餐饿两顿，因此给小蛇喂食之事渐渐丢在脑后。小蛇饿得难受，就在缸里翻腾喧闹。见此，小和尚非常恼火，一气之下就把大水缸给砸烂了。小蛇从大水缸里跑了出来，立刻化成巨龙，心里一高兴，竟忘了身后是寺庙，昂起龙头，一甩尾巴就把寺庙夷为平地，沉到了水塘底下。莲花塘自此变成了一片沼泽地。小赤龙为不惊扰两岸百姓，便化成一条鳗鱼，顺金溪而下，边游边回头张望，直至钱塘江口，潜入东海。但它没有忘记生它、养它的地方，每年八月十五都要掀波踏浪至江口，昂起龙头遥望莲花峰。据说，钱塘江八月大潮即由此而来。

二、核心基因提取与评价

基于对材料的全面、深入分析，得出开化钱江源的核心基因："勇立潮头的精神""绿水青山就是金山银山的理念""生态立县的理念"。

开化钱江源核心文化基因评价依据

评价项目	评价因子	评价依据（特点）	是否
生命力评价	文化基因存续的时间	自出现起延续至今，未曾明显中断	√
		自出现起延续至今，但多次衰微、中断后复兴	
		曾明显衰败，改革开放后开始复活复兴或历史溯源关键环节缺失，难以考证	
		文化形态主体已灭失，现存部分痕迹	
	文化基因的稳定性	在发展过程中保持相当稳定的状态	√
		在发展过程中存在明显的精神内涵、表现形式剧变	
凝聚力评价	文化基因的凝聚力及社会动员效果	曾广泛凝聚起区域群体的力量，显著推动过社会经济文化的发展	√
		曾部分凝聚起区域群体力量，对社会经济文化的发展产生过影响	
		凝聚过力量，创造过实际的发展动能，但未见对社会经济文化发展产生显著改变	
		仅在历史文献或口耳相传中存在，未见实际介入社会经济发展	

续表

评价项目	评价因子	评价依据（特点）	是否
影响力评价	辐射的范围	具有全国性、世界性的影响力	
		具有长三角区域、浙江省影响力	√
		具有市县、乡镇影响力	
	提炼的高度	已经被古代文人士大夫和当代学者提炼为精神符号和理念理论	√
		单纯的样式、造型、工艺技术规范	
发展力评价	与当代精神追求和价值观念的契合	传统文化基因得到创造性转化、创新性发展；区域革命文化基因被完整继承、广泛弘扬；区域社会主义先进文化基因成为与浙江"三个地"相适应的文化高地	
		部分转化、部分弘扬、部分发展	√
		难以转化、难以弘扬、难以发展	

说明：基因特点评价是对解码出来的基因，根据本《导则》表2的要求，围绕"四个力"逐一对表打"√"，进行定性表述

（一）生命力评价

"勇立潮头的精神""绿水青山就是金山银山的理念""生态立县的理念"作为开化钱江源的核心基因，自开化率先提出生态立县战略起，延续至今，未曾明显中断。此后，开化关停了200多家小造纸、小水泥、小化工等高能耗高污染企业，开始了大规模封山育林，从此保护生态便深入人心。

（二）凝聚力评价

"勇立潮头的精神""绿水青山就是金山银山的理念""生态立县的理念"作为开化钱江源的核心基因，曾广泛凝聚起区域群体的力量，显著推动过社会经济文化的发展。开化秉持生态自觉意识，遵从族训家规，敬畏自然、保护自然，牢牢守护绿水青山，以绿色发展的理念让老百姓实现"绿富美"的目标。

生态立县的理念深入人心，凝聚力强大。

（三）影响力评价

"勇立潮头的精神""绿水青山就是金山银山的理念""生态立县的理念"作为开化钱江源的核心基因，具有长三角区域、浙江省影响力，已被当代学者提炼为精神符号和理念理论。自 2019 年 2 月入选第一批浙江省大花园典型示范建设单位以来，开化县以"国家公园＋美丽城市＋美丽乡村＋美丽田园＋美丽河湖"为大花园空间格局，高质量建设钱江源大花园，打造全省大花园的"精品园"和"示范园"。在"生态保护第一"的前提下，开化县还通过擦亮"钱江源国家公园"这块金字招牌，让人民群众共享国家公园的品牌红利。钱江源国家公园依托中国科学院植物研究所、浙江大学等组建钱江源国家公园研究院，傅伯杰、魏辅文院士均在这里开展科研工作，科学研究、国际学术会议等使品牌影响力持续扩大。

（四）发展力评价

"勇立潮头的精神""绿水青山就是金山银山的理念""生态立县的理念"作为开化钱江源的核心基因，充分体现了习近平生态文明思想，为开化指引了前进的方向。打好生态牌，用好生态资源，让生态和发展达到和谐统一。饮水思源，我们在今后的发展过程中都要时刻牢记保护好我们的"源头"。

三、核心基因保存

　　"勇立潮头的精神""绿水青山就是金山银山的理念""生态立县的理念"作为"开化钱江源"的核心基因，文字资料主要保存于开化县政府工作报告中，实物材料主要保存于钱江源国家森林公园。

开化菜

钱江源头　开化文化基因

开化菜

　　开化地处浙皖赣三省七县交界处，是连接浙西、皖南和赣东北的要冲、浙江的"西大门"，会聚了浙江其他地区、福建、江西、湖北、徽州等地的移民。各地文化和本地资源经年累月的交融演变，使开化的饮食呈现出丰富性、开放性、独特性等特点，浙菜、徽菜、闽菜和赣菜的元素在开化菜中都有体现，形成了独特的风味。

　　历史上，随着吴越争霸、中原逐鹿、宋室南渡、明清鼎革等重大历史事件的演绎，朝代的更迭，开化因地理位置的特殊性，在一次次的变迁中，不仅接纳了大批的中原移民，也接纳了大批南方移民，他们带来了当地的各种文化艺术，也带来了颇具特色的饮食文化。《开化县志》（2010年版）记载，截至2005年，全县共有姓氏340个。其中余、汪、徐、郑、方、张、程七姓占总人口的 41.62%。截至2023 年，开化有户籍人口 35.49 万，以汉族为主，另有 7 个少数民族，分别是畲、苗、回、满、柯尔克孜、黎、鄂温克等族。这种不同时代、不同区域、不同阶层的人口集聚，造成了文化素养的差异性、风俗习惯的多样性。

随着时间的推移，开化饮食文化日益丰富，别具一格。它既具有地域的自然特征，又兼具人文的特色底蕴，具体表现在人们日常生活、婚丧嫁娶，特别是逢年过节等节庆日子里。时至今日，其最具代表性的是开化菜及风味小吃。开化菜以追求原汁原味为本，有古徽州菜品重油重色、味道醇厚、保持原汁原味的基本特点，同时，兼具浙菜清、香、脆、嫩、爽、鲜的长处，又普遍吸收湘菜口味，注重香鲜、酸辣、软嫩。其特点是选材朴实、用料广泛、讲究火功、保持原味。

近年来，开化县根据文旅融合的要求，凭借独特的自然生态环境、丰富的原生态食材、独有的烹调技艺和浓郁的乡土风味，着力探索以美食撬动发展的新路径，为文旅融合发展这桌"盛宴"提供一份与众不同的"开化食谱"。开化十大名菜分别为何田清水鱼、开化青蛳、苏庄炊粉（系列）、古田山干菜（系列）、马金豆腐干、金溪石斑鱼、钱江源土鸡煲、十八洞腊肉、农家生炒肉、南华山菌煲。

美食，既可以成为游客了解一座城市文化内涵的最直接窗口，也可以成为这座城市重要的旅游吸引物，同时，"民以食为天"，打造美食产业，也是满足人民美好生活需要的重要举措。开化高度重视美食的开发利用，以构建"味道认同"作为跳板，扩大地域独特文化的影响力，加快旅游品牌对外传播的步伐，进一步提升人民群众的体验感、获得感、幸福感。

一、要素分解

（一）物质要素

1. 良好的生态自然环境

"开化是个好地方。"好地方好在良好的生态自然环境，好在呵护这方净土的人。优越而独特的自然环境产生优质的食材，而优质的食材是好菜品的必要条件。开化菜的独特性甚至唯一性就有了物质基础。如开化青蛳，在钱塘江流域，出了开化，青蛳难觅。这是青蛳对环境的苛求使然。如何田清水鱼，离开何田那一池清水，鱼质大相径庭。在开化烧鱼，讲究清汤清水、原汁原味，即使到杭州，若想吃到源头清水鱼，必将当地的水带去，方可品尝到地道原味。再如白苦瓜、蟠姜、捞汤菜、苋菜干、水白菜等，都具有明显的地域性。就像开化风味小吃汽糕那样，离开当地的山水，即使同样的大米，也难有此风味。这种独特性虽有地域上的局限性，但恰恰是开化菜的魅力所在。

2. 悠久的历史文化

千百年来，开化凭借得天独厚的自然环境，吸山川之灵气，受文化之溉泽，以勤劳与智慧"安其处，美其食"，逐渐形成了极具特色的饮食文化。早在 4500 年前的新石器时代，开化地域即有先民择水而居，捕鱼为食。1979 年，开化县中村乡双溪口和芹阳十里铺相继出土石斧、石镞、石网坠、原始陶、印文陶等文物。这表明，远古时开化的先民就开始利用自然资源，进行简单烹调生活了。

3.深远的清水鱼文化

在延续千年的养殖过程中，开化形成了独特的鱼文化。目前，养鱼、抓鱼、吃鱼、烧鱼、送鱼的习俗已经与人们的日常生活紧密联系在了一起，当地还以清水鱼为题材编制了舞蹈《人欢鱼跃》，集中体现了鱼文化在文化传承、文化繁荣方面的重要价值。每到中秋佳节，村民都会吃鱼。据说吃了这天捉来的鱼，人的体质会变得非常强健，很有精气神，尤其以鱼头和鱼尾最受欢迎。中秋吃鱼也很有讲究，其过程分为捉鱼、烧鱼、吃鱼三步。捉起的鱼用稻草绳捆住，取意"五谷有余"。开化县何田乡家家户户开塘抓鱼，而且要比比谁家的鱼儿大、谁家的鱼儿好，非常热闹。村民们舞草龙、做大戏，庆贺丰收，祈盼年年有鱼。之后，逐渐形成清水鱼文化节。开化清水鱼养殖技艺于2018年被列入衢州市非物质文化遗产代表性项目名录。

4.著名的开化十大名菜

何田清水鱼、开化青蛳、苏庄炊粉（系列）、古田山干菜（系列）、马金豆腐干、金溪石斑鱼、钱江源土鸡煲、十八洞腊肉、农家生炒肉、南华山菌煲是开化的十大名菜。近些年，自浙江省开展"诗画浙江·百县千碗"工程以来，开化围绕"根魂茶韵、美食之城"目标，发挥"标准化＋产业化"效应，以打响十道不得不吃的开化菜为抓手，持续推进开化美食产业高质量发展，全力做好"食旅融合"大文章，为大花园建设提供"舌尖上的动力"。

（二）精神要素
1.多元化的包容精神

在开化文明进程中，人口的不断集聚带来文化的多元化，而因此产生乡风民俗的差异、地方方言的不同。在开化，至今有不少古代北方大家族的后裔在此繁衍生息，如长虹有范仲淹的后裔，马金有清河郡张氏、道家葛洪的后代，池淮有夏原吉、村头有余玠、芹阳有唐代徐绩等显赫贵族的后代。他们因战乱或灾荒，或求学，或致仕，偏安于大山之中，求逸于世外桃源。这些大家族的后裔带来了不同的文化元素，造就了开化菜品多姿多彩的风味。在开化的北面，诸如马金、霞山、齐溪、塘坞等地受徽文化的传播拓展影响，豆腐、菜汤、辣酱、米羹居家必备。在南面，华埠一带受浙菜影响尤深，特别是严州一带船上人家，其菜品别具一格。华埠作为开化商埠繁华之地，明清时汇集了19个省159个县187个姓氏，其官话成为人们交流的唯一语言，而菜品则包罗万象。在西面，因毗连婺源，与闽相近，闽人迁移，也带来不少闽菜风味，如桐村三层楼、狗肉炊粉、青椒炒腊肉等。在县城，因多元文化汇集，菜品更具包容性，形成了开化菜系列，初具本帮菜规模。包容性是特色性的集合，兼收并蓄，自成一格，这是一种有气度、有内涵的体现。

2. 大众化的亲民性

开化菜以纯天然、原生态的食材为基，以多元化、大纵深的汉文化为魂，经历代能工巧手烹饪实践，形成了自成一体的菜品系列。因此，它具有大众化的亲民性。其亲民性主要表现在三个方面：一是食材取之自然，为各方不同人群所接受并喜爱。二是咸辣适中，口味稍重。北方人不喜辣，南方云贵川湘过辣，浙菜偏甜，徽菜偏淡，而开化菜对北方人来说，不太辣，可承受，对南方嗜辣者来说，有辣味，可接受。开化菜就适应了不同民族不同区域的大多数人的口味。三是烹饪工艺简繁相间，有繁复无比的，也有因陋就简的，而大多数是一时半会就能端上桌面。除了食材的季节性因素外，大多菜品可以普及推广。广泛的适应性，让开化菜的消费群体越来越大。如今，省城杭州和首都北京都有开化菜品牌店。八方游客来到开化，对开化菜的美味赞不绝口。

（三）制度要素

1. 高超的烹饪工艺

烹饪工艺上，开化菜对选取食材要求较高，注重"鲜活、细嫩、适时"。如鸡、鸭、鱼、虾等，家养、放养、野生为上，非鲜活不取。即使腌制辣椒，也选取收藤前一茬为佳。山珍野味，刻求细嫩、时鲜。烹饪时，注重刀工、火工，讲究汤鲜味正。盛菜器皿，讲究色彩寓意相近，视觉美观。

2. "清炒、酱爆、油焖"的烹饪

方法

开化菜烹饪方法有清炒、酱爆、葱油焖烧等。著名的开化青蛳，就可采取清炒、酱爆、葱油焖烧等多种方式烹饪，最有特色的是用紫苏调味。紫苏不仅起到除泥腥的作用，还能中和螺蛳的寒性，口感郁香，是青蛳最好的搭配。在烧青蛳时，先将青红辣椒切成菱形，生姜、大蒜籽切丁，葱切成小段，紫苏切细备用。锅热后，倒入菜籽油，油热后加入生姜、大蒜爆香，然后倒入青蛳，翻炒一分钟，加入刚好淹没青蛳的清水煮开后，沿锅边放些许黄酒去腥。而后，加白糖、盐和鸡精继续翻炒，放入生抽、紫苏、青红椒、葱段、味精后，起锅即可。青蛳肉嫩味鲜，略带一丝苦味，口感滑润，是开化人离不开的美味。

3. 独特的山泉流水养鱼模式

北宋时期，开化人已引用山泉流水在溪边沟旁挖筑坑塘，进行养鱼。开化县何田乡《汪氏宗谱》记载，北宋咸平年间，汪氏始祖带全家自徽州婺源迁徙至何田乡盘溪而居，因好读书修心、养鱼养性，于是"塘开一鉴"，之后演变成人们普遍采用的山泉流水养鱼模式。这一养鱼模式的形成与当地良好的山水生态环境密不可分。这里雨量充沛，气候温和，山峦重叠，山上亚热带常绿阔叶林生态系统具有极强的水源涵养功能，保证清溪常年迂回曲折于峰谷之间，然后顺势而下，流入茶园、梯田和房前屋后的坑塘，形成一条生态系统的纽带。直接利用此水养鱼，既可保持水中的溶氧量，又便于管理。一进一出的进排水设置，既能维持水质清澈，又能保持常年流水不断。草鱼的排泄物和食物残渣可通过搭养的鲤鱼、鲫鱼等底层鱼类消化，或及时捞出，塘底少量淤泥又可作为草的肥料，形成循环农业生态养殖系统。

（四）语言和象征符号

1. 开化清水鱼

目前有史料记载的，开化清水鱼（草鱼）起源于北宋咸平年间，至今有 1000 多年历史。相传唐代寺庙中

有放生池，引山泉流水，穿塘而过，鱼在池中悠然自得。当地百姓遂仿照放生池形式挖建鱼塘，养殖品种以草鱼为主，鱼体形修长，体色溜黑，腹部亮白，颇有特色。开化县何田乡《汪氏宗谱》中有北宋汪氏始祖开塘养鱼的最早文字记载。至今在长虹、何田等地还有称开化清水鱼为塘鱼的。自北宋起，历经千百年演变，形成了独具特色的山区山泉流水养鱼系统。独特的养鱼系统成就了品质独特的"开化清水鱼"，尤以何田清水鱼最为著名。因是清水养鱼之故，一年一尾鱼，也只长半公斤。所养成的清水鱼，背部溜黑，腹底嫩白，鳃色艳红，肉质细腻弹嫩，味道纯正鲜美，且营养丰富，有滋补之功效，为鱼中上品。呷一口乳白色的鱼汤，鲜味绵长，夹起一块鱼肉，口感细腻……在开化美食店，清水鱼可谓是每桌必点的一道招牌菜了。

2. 开化青蛳

开化青蛳即清水螺蛳，泥少，干净，它和一般的螺蛳不同，有着黑色细长的外壳，里面是灰绿色的鲜肉。因其肉质鲜嫩可口、风味独特、营养丰富，在我国素有"盘中青螺碧玉"之美誉。开化青蛳是开化本地才有的新鲜好食材，加上一点辣椒的鲜香，配上一把香气袭人的紫苏，便造就了开化青蛳独特的美味。在开化，一年四季都能品尝到青蛳，尤其是在炎热的夏季。家住河边的人们常提着篮子、赤着双脚、弯着腰在水中来回搜索，看准青蛳，轻轻捏起，放入篮中，既能解暑，又乐趣无穷。2014 年 5 月，经由《舌尖上的中国 2》推介后，开化青蛳更是名声大噪，受到广大美食爱好者的热烈追捧。2018 年，开化青蛳烹饪技艺被列入衢州市非物质文化遗产代表性项目名录。

3. 马金豆腐干

马金豆腐的制作工艺已有 100 多年的历史。马金豆腐干名头响亮，既可作冷盘，又可青红椒酱翻炒，还可以佐以酸菜、青椒爆炒。早年每当下地干活、上山劳作时，老乡们都会怀揣豆腐干出行，午时择一清幽之地，配以甘甜山泉，品味美味豆腐干。马金豆腐干以优质高山大豆为原料，其营养价值很高。豆腐干是用传统工艺精制而成的。制作完成一条豆腐干至少要花 5 天时间，光浸泡黄豆就要八九个小时。浸泡黄豆的水则是从山沟里接来的山泉水。这样做

成的豆腐干味道纯正，香软爽口，很有嚼头。如今，马金豆腐干制作技艺属于衢州市非遗，已注册商标，还被评为开化县"十大名菜"，荣获省农业博览会银奖。目前马金豆腐干不仅在衢州打响了知名度，更是将礼盒包装产品销往多个市外甚至省外城市。

4."辣、鲜、香"的特征

"山水开化，膳待天下！"开化是"生态美食之乡"，独具风味的钱江源味道被众多食客赞誉为"中国第九大菜系"。开化菜以追求原汁原味为本，以纯天然、原生态食材为基，以"天然、美味、健康、生态"为理念，汇集了闽、皖、浙等菜系特色，形成了辣、鲜、香特点，既讲究生理味觉之美，又注重心理味觉之美。

二、核心基因提取与评价

基于对材料的全面、深入分析，得出开化菜的核心基因："著名的开化十大名菜""'清炒、酱爆、油焖'的烹饪方法""'辣、鲜、香'的特征"。

开化菜核心文化基因评价依据

评价项目	评价因子	评价依据（特点）	是否
生命力评价	文化基因存续的时间	自出现起延续至今，未曾明显中断	√
		自出现起延续至今，但多次衰微、中断后复兴	
		曾明显衰败，改革开放后开始复兴或历史溯源关键环节缺失，难以考证	
		文化形态主体已灭失，现存部分痕迹	
	文化基因的稳定性	在发展过程中保持相当稳定的状态	√
		在发展过程中存在明显的精神内涵、表现形式剧变	
凝聚力评价	文化基因的凝聚力及社会动员效果	曾广泛凝聚起区域群体的力量，显著推动过社会经济文化的发展	√
		曾部分凝聚起区域群体力量，对社会经济文化的发展产生过影响	
		凝聚过力量，创造过实际的发展动能，但未见对社会经济文化发展产生显著改变	
		仅在历史文献或口耳相传中存在，未见实际介入社会经济发展	

续表

评价项目	评价因子	评价依据（特点）	是否
影响力评价	辐射的范围	具有全国性、世界性的影响力	√
		具有长三角区域、浙江省影响力	
		具有市县、乡镇影响力	
	提炼的高度	已经被古代文人士大夫和当代学者提炼为精神符号和理念理论	√
		单纯的样式、造型、工艺技术规范	
发展力评价	与当代精神追求和价值观念的契合	传统文化基因得到创造性转化、创新性发展；区域革命文化基因被完整继承、广泛弘扬；区域社会主义先进文化基因成为与浙江"三个地"相适应的文化高地	√
		部分转化、部分弘扬、部分发展	
		难以转化、难以弘扬、难以发展	
说明：基因特点评价是对解码出来的基因，根据本《导则》表2的要求，围绕"四个力"逐一对表打"√"，进行定性表述			

（一）生命力评价

开化素有"九山半水半分田"之称，全县森林覆盖率超过80%，空气质量常年为优。独特的区位条件和优质的生态资源，赋予了开化"一江清水送下游"的神圣使命，开化美食一直都是开化县域形象的一张金名片，不少前往开化旅游的游客更是直言：到开化，就为美食而来。

（二）凝聚力评价

自浙江省开展"诗画浙江·百县千碗"工程以来，开化围绕"根魂茶韵、美食之城"目标，发挥"标准化＋产业化"效应，以"个十百千万亿"工程为抓手，通过编制一个美食标准体系、打响十道不得不吃的开化菜、培育百个食材基地、发展千家美食门店、培养万名厨师，体系化推进美食产业高质量发展，全力做好"食旅融合"大文章，为大花园建设提供"舌尖上的动力"。目前，开化已拥有美食门店5000家以上，全县美食产业总产值达75亿余元，直接带动就业人数5万余人，"山水开化，膳待天下"的品牌越叫越响。

（三）影响力评价

近几年，开化菜更因厨师获奖、热门纪录片展示、网络视频传播等，影响力不断增强。2014年，开化清水鱼、苏庄炊粉、开化汽糕入选《食美浙江：中国浙菜·乡土美食》；同年，《舌尖上的中国2》专门推荐开化青蛳的独特美味，展现开化良好的自然环境；2016年，开化菜厨师程振新获中国饭店协会颁发的"金鼎奖"证书，其"钱江源龙鱼"等5个开化菜在第十七届中国美食文化节上获"中国名菜"称号；2017年，开化清水鱼和开化青蛳获得"国际中餐名菜"称号。开化县正以美食输出带动相关产业链发展，为全县绿色发展大局增添更多强劲动力。

（四）发展力评价

如今，开化各乡镇结合各自特色民俗文化，每年都要举办特色美食文化节，比如，马金镇的"豆腐文化节"、音坑乡的"百叟宴"、桐村镇的"全笋宴"、苏庄镇的"炊粉宴"、何田乡的"全鱼宴"等，吸引来八方游客。美食旅游是文化传播中最具传播性的载体之一，美食文化是旅游体验中最深入人心的内容之一。美食，已成为文化和旅游融合发展中最重要的桥梁之一。

三、核心基因保存

"著名的开化十大名菜""'清炒、酱爆、油焖'的烹饪方法""'辣、鲜、香'的特征"作为"开化菜"的核心基因，文字资料保存于《开化十大名菜》等文献中，实物材料保存于开化县博物馆。

开化根雕

钱江源头　开化文化基因

开化根雕

历史上，开化古驿道联结浙皖赣三省。明代时，徽商经此地前往杭州，开化成为繁华商埠。民间大兴土木，传统建筑上的木雕、石雕、砖雕"三雕"，独具特色，精彩纷呈。建筑木雕及家具雕刻的繁荣兴盛，也带动了开化根雕的发展。开化根雕历经百余年发展，传承有序。

清代，以宋国光为代表的开化根雕日臻成熟。光绪《开化县志》记载：宋国光，"善绘画，善雕琢。得盘根错节，随手刻划为人物花鸟，见者叹以为真"。

清代晚期，徐元祥为宋国光传人，传承根雕技艺。早期大都是制作根艺家具、拐杖和文房用品等。到其孙徐三荣一代，根雕艺术有所发展，种类增多，形制多样。

真正将开化根雕发扬光大，并使之成为继东阳木雕、青田石雕、黄杨木雕之后的浙江"第四雕"的则是徐氏根雕传人、浙江省根艺美术学会原会长、一级民间工艺美术家徐谷青。徐谷青，艺名"醉根"，出生在浙江省开化县白石尖脚的梅岭村。曾祖父徐元祥，曾师从宋国光，学雕花，做木匠，并做根雕艺品。其时，在穷乡僻壤，徐家主要以木工活维持生计，由于善于雕花，大家都喜欢请徐家人做活，在开化县林山乡一带的一些老房子里还可以看到徐家的雕花手艺。根雕的创作虽然只是业余的，但是徐家不断完善制作工艺，并把根艺用到木匠活中，用以制作根艺家具、拐杖、文房用品等，形成了独特的艺术风格。可惜徐氏根雕几经社会动荡，留存于世的寥寥无几。徐谷青自幼耳濡目染，爱好雕刻，喜欢绘画，在当地颇有名气，于1988年受聘于开化县园林管理所，从事根雕、盆景园艺专业制作。其间，他屡赴沪、杭等地拜师学艺。他为人处世质朴，对艺术虔诚执着，深受人们赞赏。中国美术学院原院长肖峰、中国根艺美术学会原副主席李蒂、上海根艺美术学会会长胡仁甫对他都曾有过醍醐灌顶之教。1991年，徐谷青从开化县园林管理所辞职，创办开化根雕厂，并将其艺名"醉根"注册为作品商标，为开化的根雕发扬光大迈出了第一步。他博采众长，在继承与发扬传统时，又推陈出新，广授技艺，丰富了根艺的题材品种，并不断开拓根艺的发展空间。他的徒弟黄金福、江渭东、徐伟平、李慧明等先后创办了杰根艺品厂、一朴根雕作坊、天韵根艺、钱江艺术馆等根雕主题单位，形成以徐氏根艺为主的开化根雕艺术创作群。

2001年9月，开化县被中国根艺美术学会、中国经济林协会授予"中国根雕艺术之乡"称号。开化根雕主要创作地分布在浙江省衢州市开化县东南山区，包括开化县芹阳办事处、华埠镇、林山乡、马金镇、村头镇、大溪边乡等地。芹阳的开化根宫佛国文化旅游区内的根雕创作基地最为集中。除了开化，衢州市各县区均有根雕产品加工生产点，根雕产品亦销往全国各地乃至东南亚等地。

一、要素分解

（一）物质要素

1. 原材料丰富的山区地理环境

开化县隶属浙江省衢州市，下辖八镇六乡一办事处，位于浙皖赣三省交界处，是浙江的"西大门"、钱塘江的源头。广阔的山林生长着大量樟树、罗汉松、冬青、黄连木等树种，为根雕创作提供了丰富的原材料。以石山为主的自然环境，孕育了天然造型奇特的木材。草木枯荣是自然界的规律，因而众多的枯木树根成了化腐朽为神奇的根雕创作的主要用材。

2. 繁华的商埠故地

历史上，开化古驿道联结浙皖赣三省。明代时，徽商多经此地前往杭州，开化成为繁华商埠。民间大兴土木，传统建筑上的木雕、石雕、砖雕"三雕"，独具特色，精彩纷呈。建筑木雕及家具雕刻的繁荣兴盛，带动了开化根雕的发展。

3. 种类繁多的雕刻工具

根雕常用工具有锯、凿、刨、铲、镂钻、大小雕刀等。

4. 中国根艺美术博览园

中国根艺美术博览园即根宫佛国文化旅游区，占地 3.03 平方千米，以根艺、盆景、奇石、枯树名木等为载体，由福门祥光、云湖禅心、百木同春、根雕佛国、青梅园、集趣斋、醉根谭、戏根坊、根宫佛塔、醉根天工博物馆、醉根文化休闲度假村、神工天趣园、工艺品土特产展销厅等组成。择要介绍之：

福门祥光。其占地 2000 平方米，由奇石、八卦图、福门雕塑、茶文化雕塑、根文化雕塑等组成。入口大门是由徐谷青按照根艺作品《世纪门》创作而成的巨型玻璃钢仿铜雕塑，高约 11 米。另有两组青铜雕塑，由高照、李蒂、达榴生、邹广明等设计，分别体现开化龙顶茶文化和开化根雕文化内涵。其间以采自开化县林山乡的滴水石和钱江源河道里的水冲石点缀。中间的八卦图采用阴沉木制作，象征中国传统文化，灵秀浑厚，把气势磅礴的环境贯穿成一个整体。福门寓意福气、财气、运气。

云湖禅心。云湖为充分利用博览园自然水资源的人工湖，位于半山腰，呈心形，一亩见方，中有小岛，山边一帘飞瀑常年不息。湖边建有一亭，名曰"醉心"。湖中小岛犹如佛之禅心，与醉心亭遥遥相望，故名云湖禅心。

百木同春。其占地 600 平方米，内有采自全国各地的枯树名木和阴沉木等根雕作品 200 余件。这些枯树名木和阴沉木，由于年代久远，经过艺术加工，浑然成为一组充满神奇色彩的雕塑群，并配以图文并茂的展示牌。

根雕佛国。这是以根雕艺术展现佛教文化的圣地，位于博览园东南，建筑面积 1.2 万平方米，中间为未来佛殿、大雄宝殿、罗汉堂三座大殿，两边的罗汉文化长廊依山而建，环绕其间。这里陈列有未来佛、释迦牟尼、四大菩萨、四大天王、五百罗汉等佛教文化系列巨型根雕作品千余件。未来佛殿供奉的弥勒佛，用黄金樟的树根创作而成，重达 16 吨，形象欢喜，坐姿洒脱，雕工自然而有神韵，另有四大天王、地藏菩萨、济公活佛等根雕像。大雄宝殿供奉的是园内最大的单体根雕作品——释迦牟尼，木质为黄心楠，重达 40 余吨，慈眉善目，法相庄严，还有阿难、迦叶、文殊、普贤、观音等根雕像。罗汉堂供奉的是世界上最大的一套五百罗汉根艺造像，是徐谷青花费十余年时间，搜集千年龙眼木和荔枝木根桩，施以局部刀笔，在传统的雕刻技法中融入现代艺术的创新理念，精心创作而成。整体气势恢宏、浑厚古雅，细部情表于外、意蕴其中，是根雕艺术和佛教文化的完美结合。

青梅园。园名取自徐谷青的"青"字和他老家梅林的"梅"字。青梅园依山而建，叠山理水，亭台楼阁间尽显大自然的旖旎风光，充满人文情趣。园内树桩盆景总数达5000余盆，基本采用广大农村在山林整改、退耕还湖过程中遗弃的奇根异枝制作而成，配以各类奇异山石于其间。盆景造型博采众长，将各派风格融入自然的创意中，有小桥流水人家的水旱盆景，有浓缩华山天险的附石盆景，有春意盎然的深山古寺盆景……将大自然的千奇百怪浓缩在方寸之间，让游客一览无余。

集趣斋。这里陈列着徐谷青从艺以来各个阶段的代表作和获奖根艺精品，共200多件。作品风格独特，选材奇绝，创作精巧，而且题材广，立意深，具有强大的生命力。

醉根谭。此为仿唐代建筑，分三层：底层面对厂区大门，为创作场所；二层正对青梅园，为陈列和办公场所；顶层为根艺美术创作研究场所，陈列着徐谷青珍藏的、尚未展出的根艺精品60余件。

戏根坊。其既是书画采风活动中心，也是根雕生产学习培训基地，多用于来访研究人员交流活动。

醉根天工博物馆。这是展示中国根艺美术悠久历史文化的专业博物馆，建筑面积3000平方米。馆内有根艺文物、根艺历史文献、根艺研究成果、根艺美术评论以及根艺制作工艺流程展示和醉根文化展示。博物馆汇集古今中外根艺名家的代表作品，并广泛征集全国各地根艺作品进行展出，让人们了解根雕艺术的发展历史。浙江省根艺美术学会根艺历史发展研究委员会也设于馆内。

醉根文化休闲度假村。其坐落于根艺美术博览园西北面，建筑风格独特，环境优雅，占地4.69万平方米，建筑面积3.2万平方米，为四星级旅游公寓式度假酒店。酒店集商住、餐饮、会议、康乐、桑拿、健身、办公于一体，拥有客房约290套，可承担各种大型会议的接待工作。

（二）精神要素

1.精工善艺的品质

开化根雕技艺精湛，构思巧妙，强调因材施艺、人天同构，运用多种创作表现技法，充分展现根雕作品的艺术魅力。人物塑造生动形象，动物刻画形神兼备，并融入当地传统文化，形成独特的艺术特色和创作风格，在制作上讲究精工善艺。

2.融合"天趣"与"人意"的创作理念

弥勒是开化根雕作品中最常见的题材，根雕艺术家们往往把人工倾注在弥勒头部的刻画上，特别是倾注在弥勒无尽慈爱的笑容上，而其他部位则尽量保持其自然的根材纹理，使原材料中那些固有的树根纹理、疤痕、根瘿及扭曲的形态，转化演绎为弥勒的衣衫、布袋、佛珠及动作，并让头部的"雕"与躯体的"不雕"和谐统一，使天工的自然美与人工的艺术美得到融会贯通，"天趣"与"人意"得到有机融合。这种艺术体现了中国传统"天人合一"的哲学思想。

3.因势造型、因材施艺的造型理念

开化根雕作品创作依据原材料的自然形态，注重自然材质美感，巧雕多留，"七分天成，三分雕工"。主要工艺流程包括：一是选材构思。选择质地坚硬、形状奇特、纹理清晰、适宜艺术加工的根料木材进行创作，现在用料用材更是广泛。创作者凭经验分析根材的特性、形状、色泽等，以多种题材内容来挖掘材料本身的可用价值，确定创作的主题和整体形象，并能物尽其用，化腐朽为神奇。二是雕刻创作。艺人利用雕刻刀、钢丝刷、锯子、砂纸等传统制作工具及少量电动工具，因势造型，因材施艺，进行圆雕加工成型，再经修整打磨、略涂清漆、防腐处理和配座等。三是成品。入库、保养，进入销售环节。

（三）制度要素

1.以圆雕为主的规范

开化根雕属于圆雕，由于根材的特殊性，更加强调艺术想象，因势造型，因材施艺，充分保持原有自然纹理，以求获得特殊的艺术效果。

2.坚持艺术和经济均衡发展的制度

文化与经济相互交融，才能迸发无限活力。开化政府将人才资源转化为经济资源，通过艺术精品来提升产品影响，借助传统文化的魅力提升产品的附加值，为艺术产业的发展营造良好氛围。开化的根雕师们一方面孜孜以求、勤练内功，努力在精品创作上下功夫，另一方面放眼市场，谋求产业化发展之路，在调整适应中小心

翼翼地处理着艺术品与商品的关系，既当好艺术家，又做好企业家，在艺术与产业上寻找到合适的平衡点。

3. 师徒相授的传承形式

以前为艺人师徒相传，现在多是开办专业培训班以培养传承人。博览园是浙江省非遗宣传展示基地、国家生态文明教育基地等，开化获得"中国根雕艺术之乡"荣誉称号。

（四）语言和象征符号

1. 根宫佛国

根宫佛国文化旅游区，是目前国内规模最大、工艺水平最高、以根雕艺术为主题的文化旅游景区。拥有大型系列根雕作品5000余件（套），其中最大单件作品重达40余吨。2013年9月，根宫佛国文化旅游区获批国家AAAAA级旅游景区（衢州市首家）。2010年12月，根宫佛国文化旅游区（中国根艺美术博览园）被评为"国家文化产业示范基地"。另外，还先后获得"国家生态文明教育基地""中国雕塑院根雕创作实践

基地""2014年度最佳国际旅游区文化旅游度假目的地""2014中国旅游景区最美中国榜""浙江旅游总评榜2014年度十佳特色景点"等荣誉。2015年，开始创建以文化工艺美术为特色的根缘小镇。接着又相继被评为"2016浙江休闲养生基地""2017年全省示范型放心景区""2017年浙江省生态文化基地""2018年中国首选旅游目的地""2018浙江省优质旅游经典景区"等。

2. 独特的艺术审美样式

强调因材施艺、人天同构，运用多种创作表现技法，充分展现根雕作品的艺术魅力。人物塑造生动形象，动物刻画形神兼备。与当地传统文化相融合，形成独特的艺术特色和创作风格。

3. 教化育人功能的题材作品创作

各种优秀传统文化题材根雕作品的创作，常见的有关羽、苏东坡、李白等历史名人和成语典故题材，还有十二生肖以及文人画创作中的竹兰梅菊等植物图案等。

二、核心基因提取与评价

基于对材料的全面、深入分析，得出开化根雕的核心基因：
"精工善艺的品质""融合'天趣'与'人意'的创作理念""因势造型、因材施艺的造型理念""以圆雕为主的规范""坚持艺术和经济均衡发展的制度""独特的艺术审美样式"。

开化根雕核心文化基因评价依据

评价项目	评价因子	评价依据（特点）	是否
生命力评价	文化基因存续的时间	自出现起延续至今，未曾明显中断	√
		自出现起延续至今，但多次衰微、中断后复兴	
		曾明显衰败，改革开放后开始复兴或历史溯源关键环节缺失，难以考证	
		文化形态主体已灭失，现存部分痕迹	
	文化基因的稳定性	在发展过程中保持相当稳定的状态	√
		在发展过程中存在明显的精神内涵、表现形式剧变	
凝聚力评价	文化基因的凝聚力及社会动员效果	曾广泛凝聚起区域群体的力量，显著推动过社会经济文化的发展	√
		曾部分凝聚起区域群体力量，对社会经济文化的发展产生过影响	
		凝聚过力量，创造过实际的发展动能，但未见对社会经济文化发展产生显著改变	
		仅在历史文献或口耳相传中存在，未见实际介入社会经济发展	

评价项目	评价因子	评价依据（特点）	是否
影响力评价	辐射的范围	具有全国性、世界性的影响力	√
		具有长三角区域、浙江省影响力	
		具有市县、乡镇影响力	
	提炼的高度	已经被古代文人士大夫和当代学者提炼为精神符号和理念理论	√
		单纯的样式、造型、工艺技术规范	
发展力评价	与当代精神追求和价值观念的契合	传统文化基因得到创造性转化、创新性发展；区域革命文化基因被完整继承、广泛弘扬；区域社会主义先进文化基因成为与浙江"三个地"相适应的文化高地	√
		部分转化、部分弘扬、部分发展	
		难以转化、难以弘扬、难以发展	
说明：基因特点评价是对解码出来的基因，根据本《导则》表2的要求，围绕"四个力"逐一对表打"√"，进行定性表述			

（一）生命力评价

开化根雕始于明代，彼时开化为徽商通往杭州的商埠，历经清朝宋国光、徐元祥至徐三荣、徐谷青父子，百年发展，传承有序。如今，开化培养了大批根雕民间工艺人才，形成了一支经验丰富、技艺精湛的传承人队伍；同时，根雕产品远销全国各地甚至东南亚等地，展现出了开化根雕蓬勃的生命力。以开化根雕为载体的文化基因，也在根雕走出开化、走向世界的过程中得到了充分的弘扬和发展，因此具有较强的生命力。

（二）凝聚力评价

目前，根雕大师徐谷青授徒传艺80余人，培养了大批民间工艺人才，形成一支熟练掌握根雕创作技能的传承人队伍。

在芹阳办事处、华埠镇、林山乡、马金镇、村头镇、大溪边乡均有根雕制作加工点，域内的根宫佛国文化旅游区已成为具有全国知名度和影响力的根雕创作和传承基地。

（三）影响力评价

经过百余年的传承和发展，开化形成了以根宫佛国文化旅游区为核心根雕创作基地、衢州各县区均有产品加工生产点的文化现象和产业格局，并且根雕产品远销全国各地乃至东南亚等地。以开化根雕为载体的文化基因也在此发展过程中持续扩散，发挥其影响力。

（四）发展力评价

目前，开化根雕产业新增根雕企业 30 余家，从业人员 2000 余人，衢州市其他各县区也均有根雕加工生产点，产品大量销往全国各地及东南亚等地。以开化根雕为主题的根宫佛国文化旅游区现已成为浙江省衢州市首家国家 AAAAA 级旅游景区。以根雕为特色的"根缘小镇"被列入全省首批"特色小镇"。开化将根雕艺术创作与文化旅游、休闲度假深度融合，不仅创新了中国民间工艺美术的发展模式，也取得了良好的社会效益和经济效益。在开化根雕蓬勃的发展前景下，其文化基因也得到了充分的传承和弘扬。

三、核心基因保存

　　"精工善艺的品质""融合'天趣'与'人意'的创作理念""因势造型、因材施艺的造型理念""以圆雕为主的规范""坚持艺术和经济均衡发展的制度""独特的艺术审美样式"作为"开化根雕"的核心基因，文字资料保存于《中国根雕》《醉根》等文献中，实物材料保存于根宫佛国文化旅游区。

开化龙顶茶

钱江源头　开化文化基因

开化龙顶茶

　　开化茶叶生产历史悠久，始于晚唐，兴于明清，在明朝被列为贡品。相传朱元璋兵败鄱阳湖，避难开化时，喝了老茶农泡的茶后，倍感精神振奋。洪武二十四年（1391），"罢造龙团，惟采茶芽以进"，于是天下以采摘幼嫩芽叶制成芽茶为贡品。崇祯《开化县志》记载："土贡：芽茶四斤"，"茶出金村者，品不在天池下"，开化茶叶被列为贡品。

　　光绪《开化县志》记载，芽茶进贡时，"黄绢袋袱旗号篓"限时进贡。自清道光至宣统年间为国内眉茶主要产区，但也生产小量名为"白毛尖"的名茶。1949年版《开化县志稿》记载："茶，四乡多产之，西北乡产者佳。其在谷雨以前采摘者曰雨前，俗名白毛尖。"

开化龙顶的传统工艺一度失传，新中国成立后，开化茶叶科技人员多次到齐溪镇大龙山龙顶潭周围的茶园里进行挖掘整理，结合传统和现代工艺研制出适合开化茶叶品种的加工工艺，后命名为"开化龙顶"。

1959 年 4 月，县农商部门的茶叶科技人员登上海拔 1193 米高的大龙山顶，此山顶部有口水潭，称"龙潭"，常年流水不断，久旱不竭。沿潭周围山溪两旁，土质松软肥沃，沙质壤土，溪涧湿度大，晴时早晚遍地雾，阴雨成天满山云，茶树沉浸在云蒸霞蔚之中，满山香茶熏染，清香似兰。在其间的茶园里采制了干茶 650 克，命名为"龙顶"。当年日本青年茶叶代表团抵达杭州时，开化龙顶茶参与会评，结果其香气滋味均超过日本"蒸青玉露"。1961 年后，名茶生产又遭夭折。

1979 年，林业、供销两部门茶叶科技人员，再赴齐溪公社大龙山黄泥义的"龙顶潭"恢复试制名茶，并以县名加地名命名为"开化龙顶"茶。

1981 年在全省名茶评比会上被评为优质产品，1982 年经全省四次评比，被评为浙江省名茶，1985 年被推选参加全国名茶评比，被评为全国名茶。

一、要素分解

（一）物质要素

1. 得天独厚的地理区位

开化地处浙皖赣三省七县交界处，是中国绿茶"金三角"（婺绿、屯绿、遂绿）的核心区。该区域属中亚热带常绿阔叶林带北部，植物区系丰富，具有南北交汇过渡带的特色，有着"中国的亚马孙雨林"美誉，集中分布着大量的茶树。

2. 优越的生态环境

开化县境内四周峰峦环列，白际山、千里岗、怀玉山三条山脉分布在四周，形成了四周高、中间低的地貌，地势西北高、东南低，境内海拔千米以上山峰有46座，由此带来了极其丰富的漫射光和小气候环境。日夜温差较大，有效积温较高，无霜期长，"晴日遍地雾，阴雨满山云"，年平均雾日88天（《开化县志》1994年版）。俗话说"高山云雾出好茶"，在这样的环境中孕育的开化龙顶茶，含氨基酸、茶多酚、芳香物质等成分丰富。

3. 产品种类繁多

目前形成以"开化龙顶"为主导，眉茶、龙顶红茶、龙顶扁茶、龙顶白茶、龙顶香茶、杜仲茶、黄金茶、速溶茶等为补充的多层次、多门类的产品体系。

（二）精神要素

1. 精益求精的品质

开化人对龙顶茶品质的追求，可谓是精益求精，采取了很多具体措施来保证品质。一是完善生产标准。三次修订开化龙顶茶生产技术规程省级地方标准，把产前、产中、产后环节纳入全程标准化管理。根据名茶加工制作特点，按工艺原理配制一整套加工机械，把传统手工制作经验与现代清洁型温控加工有机结合，有效保障名茶品质均匀、一致，达到色、香、味、形俱佳的特色。二是注重品质管控。加强环境综合治理和茶用农资网络建设，实施"放心茶"工程，全面推广无公害生产技术；推行茶厂优化改造和 SC（食品生产许可证）认证，全县现有通过 SC 认证的企业约 20 家，国家有机茶认证的基地数十个。

2. "喜茶者福，品茶者寿"的理念

爱茶者，以茶尝百味，以茶养修身，以茶可明志，以茶恰行道，水利万物，茶先苦后甜，所以喜茶者福；一清、二幽、三甘、四柔、五浓、六烈、七逸，每一泡都有不同滋味，所以品茶者寿。这种理念在当地深入人心。喜爱名茶，丰富慢生活内涵，让品茶品味品人生成为一种文化自觉。高山云雾出好茶，天地灵气聚精华。洗尽古今人不倦，将知醉后岂堪夸。

3. 以茶待客的优良传统

饮茶在开化，不仅是一种生活习惯，也是一种源远流长的文化传统。开化人以茶待客的优良传统深植于当地的文化之中。在开化，茶不仅仅是一种饮品，更是一种文化和社交的媒介。开化地区恪守这一传统，体现了中华茶文化的精髓。

（三）制度要素

1. 标准化生产

随着名茶大量开发，标准化生产提到议事日程，县政府十分重视茶叶标准化工作，在省农业厅和省茶叶标准化技术委员会的指导下，1998 年制定并实施我国第一个茶叶地方标准——《开化龙顶茶》（DB 33/225—1998）。标准分别对苗木、栽培、采摘、炒制、干茶等级、质量作出规定，把产前、产中、产后环节纳入全程标准化管理，保证开化龙顶茶的产品质量。2001 年，农业部发布了《无公害茶叶》《有机茶》行业系列标准。为了使开化龙顶茶完全达到无公害食品

要求，并逐步向有机茶发展，2004年《开化龙顶茶》标准进行修订，增加无公害茶和有机茶的内容，明确茶叶质量安全要求指标为强制性指标，其余指标为推荐性指标。通过6年的实施，2010年《开化龙顶茶》标准又作了补充完善：（1）补充了主要茶树病虫害防治种类和方法；（2）将开化龙顶茶分为条形、卷曲形和扁形，并补充了不同类型的鲜叶要求、制作工艺；（3）将开化龙顶茶的质量要求作为规范性附录，修改了分类分级后开化龙顶茶的感官特征、理化指标；（4）直接引用国家标准替代2004年开化龙顶茶标准的农药残留指标。新标准既体现开化龙顶茶的特色，又符合国家行业规范。①

2. 规模化发展

开化龙顶茶从1985年被评为全国名茶到1995年十年间，名优茶生产基本上停留在礼品茶生产阶段，1995年的名茶产量51.6吨，产值508.6万元。为了加快名茶的开发，提高茶叶生产的经济效益，1996年3月，县委、

① 2024年11月，《开化龙顶茶》（T/ZTIA 0001—2024）、《开化龙顶茶加工技术规程》（T/ZTIA 0002—2024）团体标准发布。

县政府提出在全县开展"名茶四个一工程"，即聘请100个制作名茶的师傅，重点扶持100个制作名茶村，采制一万担名茶，创收入一个亿。"名茶四个一工程"实施一年，共建成名茶村90个，聘请制茶师傅53人，购置电炒锅等茶叶机械1191台，生产名茶132.9吨，产值934.7万元，分别是上年的2.5倍和1.8倍。据《开化县志》（2010年版）载，2004年全县名茶产量达1025吨，产值1.74亿元。名优茶增产增收给茶农发展名优茶增强了信心。

3. 机械化制作

龙顶名茶由于制作工艺精湛细致，起初都为手工制作。但劳动强度大，生产能力小，生产成本高，制约了龙顶名茶的规模化生产。为突破生产制约，开化县茶叶管理部门与衢州上洋茶叶机械厂合作，研制名茶制作机械，通过几年的努力，龙顶名茶制作的各道工序都实现了机械制作。名茶的机械化制作大大提高了生产能力，为龙顶名茶规模化生产提供了技术保障。1998年，县政府制定了开化县机制茶工程建设实施方案，在全县大力推广名茶机制技术，提升名茶生产规模，

提高茶叶的经济效益。

4. 销售有网

在全国设有连锁店或销售点300余家,形成了全国性销售网络;产品批量销往欧盟、非洲、东南亚以及日本等海外市场。

5. 完整的工艺规范和制作流程

开化龙顶茶属于半烘炒工艺,机制工序主要分摊青、杀青、揉捻、初烘、整形、复烘、提香等。

摊青,将鲜叶摊放在室内摊青架上,可在每个架上放6—7个竹匾,将鲜叶放入匾中薄摊,经6—12小时,其间可根据情况进行轻翻。摊青程度,以叶面开始萎缩,叶质由硬变软,叶色由鲜绿转暗绿,青草气散失,清香显露为适度。

杀青,根据产量,可用不同型号的滚筒杀青机。杀青程度,以芽叶变软,略有黏性,色泽转暗绿,叶缘微卷,折梗不断,含水率52%—55%为适度。以适度老杀为宜,避免"青气"。杀青叶应摊凉回潮,尽快冷却并散发水汽。

揉捻,以轻揉为原则,用手工或微型揉捻机进行轻揉,适度揉破细胞组织,以增加香气和滋味。揉捻不宜

过重,防止干茶变黑。

初烘,揉捻叶要及时进行初烘,可用烘干机、提香机等烘焙设备。初烘程度,以初烘叶稍有触手感为宜。

整形,初烘叶摊凉后要及时整形,采用滚炒机脱毫,理条机理条。整形程度,以条索挺直、有轻微扎手感为宜。

复烘,整形后可用烘笼焙干,或用烘干机或提香机烘焙,待手捻茶叶成碎末为宜。摊凉后,经过风选、拣剔,除去梗、片、末和杂物。

提香,可用箱式提香机提香,或用滚筒机提香,或用电炒锅手工提香。

6. 师徒相授的传承形式

早期都是以师徒相授的形式传承,师傅手把手教徒弟,传授制茶经验。后有非遗传承。

(四)语言和象征符号[①]

1. 客来敬茶

民间传统礼仪,体现民风淳朴、谦和。送上一杯茶,夏日解渴,冬天暖身,形式简单大方,对客人尊敬和亲近。冲泡茶也很讲究"茶七酒八,

① 开化县地方志编纂委员会:《开化县志(1986—2005)》,方志出版社,2010年,第295—298页。

浅茶满酒"的规则。主人在茶中放入白糖表示敬为贵客。也有放入青果或金橘表示吉祥如意,将茶叶遥寄远方亲朋,表达真挚情义。以茶敬客在开化城乡已成习俗,从古至今相沿不衰。

2. 茶与婚礼

民间嫁女,娘舅最大,新娘上轿前必双手奉茶敬娘舅称"出门茶",上轿时小舅送上一杯茶给姐姐表示家人的怀念叫"上轿茶",新媳妇到婆家给公婆敬奉的茶叫"敬亲茶"。欢乐的婚礼中弥漫着茶香。

3. 以茶祭祀

乡村祭祖常用米、豆、茶,在祭台上,一碗米祝来年丰收,一碗豆祝来年发财,一碗茶祝全家身体健康。

以前乡村造房全是木结构,其中一根栋梁材最为贵重,选吉日用米、豆、茶、烧香祭祀把栋梁请下来,栋梁上顶后,用青布袋装米、豆、茶挂栋梁两头,祝愿家业兴旺。

4. 茶亭施茶

开化县内多山,山道崎岖难行,在山村岭路上设茶亭路廊,解路人干渴之虞。施茶惠行人,路廊内置陶缸或木桶盛茶,冲泡粗茶叶,用一节小竹筒代替茶杯,开口处切成斜口,中间穿竹柄挂在茶桶边。茶亭资金来自募捐赞助,有碑记刻捐者芳名,茶廊有专人负责。也有岭上山民把茶桶自设在家门口施茶惠人。

5. 以茶入肴

开化县人常以茶作为烹调风味名菜的材料。

龙顶虾仁:茶叶碧绿,虾仁玉白,给人雅丽之感。举箸而食,虾仁之鲜嫩,茶叶之清香,堪称绝妙之品。

龙顶烧肉:用龙顶茶、茶汤与猪肉合烹而成,肉红茶绿溢清香。

茶叶蛋:用茶、盐、五香粉、八角、沙糖等熬的汁煮蛋,香而鲜。

茶食、茶点:饼饵、糕点、蜜饯、炒货将茶作佐料,做精美的茶食。以茶来烹饪的点心,花色多样,美味可口。

6. 茶歌

茶歌与开化茶叶生产相生相伴,内容十分丰富,并具鲜明的地域特色。其一般是由上下句式和四句式歌谣,与音乐和吟诵式衬词紧密结合的山歌或小调。上下句式歌谣,如《夏季采茶》"夏季里烈日当头照,手提茶篮上山岗"、《顺采茶》"蜜蜂最爱艳阳春,鱼儿最喜大海深"、《鲜花调》"提篓去采茶,桃李争妍春色佳",

吟诵式衬词如"哎嗨唷"。四句式歌谣，如《春季采茶》"春季里来暖洋洋，姐姐妹妹上山岗。手提茶篮快快走，今天要去采新茶"，《手巾花儿香那个》吟诵式衬词为"一么唷少年哥（妹）哎"。表现的内容有描绘青年男女真挚爱情的，有反映茶农生产的，有描绘秀丽山水的，用词简朴直述。

开化传统茶歌，曲调自由，音域不广，旋律简单轻舒，气势和缓，口语化方言落音，听起来似唱似诵，但节奏行腔明快，抒情优美，属"平中出奇，朴中见色"的民间山歌，深受茶农的喜爱。

盘茶歌

正月盘茶正月所，拜年哥哥来得多；
拜年哥哥你请坐，一杯香茶笑呵呵。
二月盘茶二月所，二月暖气往上拖；
百样果木都发芽，百样树木发青棵。
三月盘茶三月所，燕子叼泥梁做窝；
姐拿花扇打燕子，燕子双双姐当中。
四月盘茶四月所，四月青苗插田棵；
大丘插得团团转，小丘插得起绿波。
五月盘茶五月所，五月蒸笼拿上锅；
蒸笼里头馒头粽，大姐拿来送亲哥。
六月盘茶六月所，六月天气热得多；
百褶罗裙显白腿，爱坏几多小亲哥。
七月盘茶七月所，七月早稻黄得多；

十二把镰刀持在手，热坏几多小亲哥。
八月盘茶八月所，八月桂花黄得多；
桂花香来贵姐采，贵姐采来送亲哥。
九月盘茶九月所，九月山果红得多；
山果红时贵姐采，贵姐采来送亲哥。
十月盘茶十月所，十月粮食收得多；
粮满仓来油满缸，亲哥亲姐合唱盘茶歌。[1]

7. 茶舞

开化民间茶舞主要流传于桐村镇的严村一带。旧时每年农历六月二十二日，严村方圆几十里的人们有到"三千元帅庙"赶庙会的习俗。民国十四年（1925）的庙会中，有江西南昌传授过来的《摆扇》《采茶》《献篮》三段舞蹈，1927年，江西上饶戏班来严村，又传授了八套花扇舞，经过本地艺人黄洪法加工糅合，创作了《采茶舞》。此舞内容丰富，动作优美，道具运用恰当，走步双手柔摆、双膝微颤，可群舞，也可独舞，既适合舞台表演，又可在广场演绎；其音乐有"灯调""滩簧"锣鼓串奏，弦乐以二胡、三弦为主，打击乐以鼓、大锣、小锣、钹为主，音乐节奏中速。

---

① 衢州市民间文学集成办公室：《浙江省民间文学集成·衢州市歌谣、谚语卷》，浙江文艺出版社，1991年，第26—28页。

二、核心基因提取与评价

基于对材料的全面、深入分析，得出开化龙顶茶的核心基因："优越的生态环境""精益求精的品质""'喜茶者福，品茶者寿'的理念""完整的工艺规范和制作流程"。

开化龙顶茶核心文化基因评价依据

评价项目	评价因子	评价依据（特点）	是否
生命力评价	文化基因存续的时间	自出现起延续至今，未曾明显中断	
		自出现起延续至今，但多次衰微、中断后复兴	√
		曾明显衰败，改革开放后开始复活复兴或历史溯源关键环节缺失，难以考证	
		文化形态主体已灭失，现存部分痕迹	
	文化基因的稳定性	在发展过程中保持相当稳定的状态	√
		在发展过程中存在明显的精神内涵、表现形式剧变	
凝聚力评价	文化基因的凝聚力及社会动员效果	曾广泛凝聚起区域群体的力量，显著推动过社会经济文化的发展	
		曾部分凝聚起区域群体力量，对社会经济文化的发展产生过影响	√
		凝聚过力量，创造过实际的发展动能，但未见对社会经济文化发展产生显著改变	
		仅在历史文献或口耳相传中存在，未见实际介入社会经济发展	

续表

评价项目	评价因子	评价依据（特点）	是否
影响力评价	辐射的范围	具有全国性、世界性的影响力	√
		具有长三角区域、浙江省影响力	
		具有市县、乡镇影响力	
	提炼的高度	已经被古代文人士大夫和当代学者提炼为精神符号和理念理论	
		单纯的样式、造型、工艺技术规范	√
发展力评价	与当代精神追求和价值观念的契合	传统文化基因得到创造性转化、创新性发展；区域革命文化基因被完整继承、广泛弘扬；区域社会主义先进文化基因成为与浙江"三个地"相适应的文化高地	
		部分转化、部分弘扬、部分发展	√
		难以转化、难以弘扬、难以发展	
说明：基因特点评价是对解码出来的基因，根据本《导则》表2的要求，围绕"四个力"逐一对表打"√"，进行定性表述			

（一）生命力评价

"优越的生态环境""精益求精的品质""'喜茶者福，品茶者寿'的理念""完整的工艺规范和制作流程"是开化龙顶的核心文化基因。这些基因从明朝龙顶成为贡品至今已有几百年的历史。在越来越注重品质和环保的当代，在品类繁多的茶产品中，开化龙顶优势明显，其基因具有强大的生命力。

（二）凝聚力评价

茶产业是开化的特色农业支柱产业，种茶、制茶、售茶是开化农民增收的重要渠道，以茶为核心的文化基因在开化具有强大的凝聚力。2019年，全县茶园总面积12.5万亩，总产量2360吨，产值8.82亿元，其中名优茶产量1880吨，产值8.59亿元。同时，以出口眉茶为主的茶叶精深加工企业，本年度茶叶产量 1.39 万吨，产值 2.84 亿元，以茶文化旅游为主的茶叶三产取得快速提升，全县茶叶行业总产值达 18.8 亿元，增长 7.4%。

（三）影响力评价

开化龙顶自 1985 年 6 月被评为全国名茶以来，先后获得中国国际农博会金奖等省部级以上荣誉 110 多项；先后注册了原产地地理标志、原产地证明商标，获得"中国龙顶名茶之乡"、浙江名牌、浙江省著名商标、中国驰名商标等，蝉联浙江省十大名茶。开化龙顶已被认定为浙江绿茶代表之一。2016—2017 年，开化龙顶被世界互联网大会和国家围棋队作为指定用茶，G20 杭州峰会选用产品。2018 年，开化龙顶成为全市第一个获"生态原产地保护产品"国字号品牌。2020 年，开化荣获"中国生态茶之乡"称号，在中国茶叶区域公用品牌价值评估中，开化龙顶的品牌价值达 27.16 亿元。

（四）发展力评价

"优越的生态环境""精益求精的品质""'喜茶者福，品茶者寿'的理念""完整的工艺规范和制作流程"作为开化龙顶的核心基因，其具有强大的发展力。开化县通过制定实施《开化县茶产业落实乡村振兴战略五年行动计划（2018—2022）》等举措，全面推进由龙顶名茶之乡向茶业综合强县转变。

三、核心基因保存

"优越的生态环境""精益求精的品质""'喜茶者福，品茶者寿'的理念""完整的工艺规范和制作流程"作为"开化龙顶茶"的核心基因，其文字资料保存于《开化龙顶茶加工技术规程》《开化龙顶茶》等标准和历代《开化县志》等文献中，实物材料保存于开化龙顶茶相关企业中。

开化学宫与书院

钱江源头 开化文化基因

开化学宫与书院

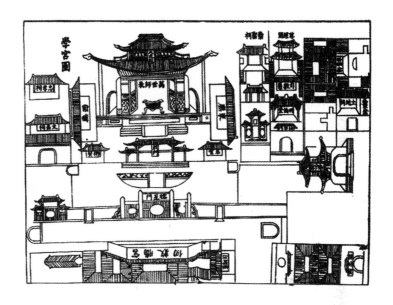

　　自宋以来，开化除县城由政府兴办学官以外，城乡书院相
继崛起，为开化培养了许多杰出的人才，仅两宋就出了1名状
元、1名榜眼、4名解元等140余名进士，名将贤臣和儒学名
家亦有20多位。虽然如今这些书院早已荡然无存，但其功绩
却早已彪炳史册，为让后人了解，仍记于此。

一、要素分解

（一）物质要素

1. 独特的地理位置

开化位于浙皖赣三省七县交汇处，独特的地理位置为开化历史上教育事业的发展，提供了优越的条件。

2. 徽州世家大族的入迁

隋末唐初，中原逐鹿，多年的战乱导致一些世家大族和书香门第，相继徙流到徽州，促进了徽州文化的蓬勃发展。后因人口不断增多，又有部分家族迁到开化各地，诸如唐代迁来的就有江、郑、汪、程、张、方、余、徐等八大姓。除江、余、徐三姓从南向北，经杭州、婺州、衢州迁到开化外，其他五姓均先后直接从徽州迁入。这些家族不仅带来了生产、经商和工艺技术，还带来了徽州丰富的文化教育资源。

3. 孔氏后裔迁居衢州，大批北方文人学士的涌入

南宋迁都临安（今浙江杭州），孔子的一支迁居衢州，并设立了孔庙，接踵而来的是北方文人学士的涌入，作为上层建筑的文化教育也就水涨船高。光绪《开化县志》记载，开化崇文重教之风十分浓厚，不但县城建有学官，而且县内主要镇乡都建有书院，因而举进士者，仅两宋就多达 140 余人[①]，还诞

---

① 如程斌等未见于《宋登科记考》。

生了浙江第一位少年状元程宿。其时的开化被誉为"开乡民厚德之风范，崇文化教育之功能"，以彰显其开明教化。元朝建立后，有较长一段时间未开设科考，加之元代等级制非常严格，将汉人定为第三等，汉人中的南人为第四等，故元代的进士只有10人。至明代，开化进士高达49人。清代因战乱和其他历史原因，进士仅有11人。按民国县志所载，自北宋初建县至清末，开化先后建有县学1所，书院25所，培养和造就进士214人，历朝个人专著180余部（卷），其中入《四库全书》有10余部。

4. 开化历代书院的加持

书院是中国古代的一种教育机构。它萌芽于唐，兴盛于宋，延续于元，全面普及于明清，清末改制为新式学堂，延绵1000余年，对我国古代文化教育、学术思想的发展产生了巨大的影响。书院制度的建立，打破了上层显贵垄断教育的特权，为下层百姓提供了受教育的机会。自宋开始，开化历史上举办过众多的书院，具体如下：

杨梅垅书院，位于长虹乡长川村西山，建于北宋初年。长川《邹氏宗谱》记载，北宋端拱元年（988），文状元程宿，少年时曾就读于此。

霞山书舍，位于霞山钟楼旁边，始建于北宋至和年间，由该村文士郑天麟所创，专门用于珍藏诗书古籍和请名师培养族中子弟。据郑氏谱牒记载，南宋淳熙年间，朱熹曾到此讲学。明正德六年（1511）进士、南京礼科给事中徐文溥《题霞山书舍》诗云："素访名山入紫霞，重来殊胜旧繁华。遍郊膏沃余千亩，比屋诗书富五车。十里幽荫彭泽柳，一川香气武陵花。群臣互拥翔鸾凤，广产英才佐帝家。"

七虎堂书院，建于北宋元祐时，是开化最早的书堂之一。明天启《衢州府志》记载："七虎堂，县南三十五里华川黄泥岭下（即今华埠镇华严古刹位置），宋少卿江纬筑堂于此。公侄少虞、少齐、汉从学于公，时踵门至者如汪藻、程俱、李处权、赵子昼七人，皆有文行，后擢科显仕，时人指为文中虎，遂扁其堂曰七虎。"

包山听雨轩，位于马金镇徐塘之包山。南宋淳熙中，进义校尉汪观国辞官归来，笃于教子和研究理学，与其弟汪杞共建，朱熹为其轩题匾曰"听雨"。其时，朱熹、吕祖谦曾来此讲学，并留下了一些诗文与楹联。后来汪继荣"请于朝，赐额包山书院"。

南山书院，位于金村乡潭口村。南宋绍定年间，江天然（字性初，号南山）创建，后又于金钱山西麓，引龙潭水建月波台。绍熙初，朱熹来开讲学，应江天然之邀，登月波台饮酒题诗，还为其书院题匾额曰"南山南"。

屏山书院，位于村头镇（现村头中学附近）。此乃赵抃学生、徐氏始迁祖徐见可（余仁合女婿）为培养族人，于南宋淳熙年间创建。

一封书院，位于开化十二都东砂硬坞口（今杨林镇下庄村）。南宋时，程斌、程骦兄弟创建，内设状元程宿、都官郎中程迪、少师魏国公程俱诸祖神位，并延请名师坐堂讲学，以训其族子弟及本村他姓子弟。后废于元末兵火。

崇文书院，位于大溪边西岩洞。南宋景定三年（1262）进士、明道书院山长余坦（字履道，号山英）创建。后毁于战火。清咸丰辛酉年（1861），再次由该村教谕余锡麟与乡中善士集资重建，且比原来更为宏敞。

逢辰书院，位于长虹乡蛟峰村。相传此书院为南宋淳祐十年（1250）状元方逢辰所建。另据光绪《开化县志》卷七"宋进士"条载，"逢辰书院在蛟塘山双峰之顶，而各书注入淳安"。

西川书院，位于杨林镇新源村。此创建于元元贞元年（1295）。据《开阳程氏宗谱》记载，杨林遁源（即新源）人程祖楠，时称国梁先生，于元大德五年（1301）官平江府教谕；其子程文魁，人称斗山先生，也于大德间应辟授南康府白鹿洞书院教谕。因不满元朝政府，父子俩遂弃官回归杨林，创建西川书院，以教授族中弟子。

南峰书院，位于县城南面。明嘉靖年间，徐氏族人创建，为其族人讲读之所。

春融书院，位于音坑乡泗洲村。其建于明代中期，乃徐氏所建家学。其时名士徐秋宇题《湖山春融书院》诗云："水光浸诗脾，岚气湿书案。回思葛岭事，荣华春梦断。"

临溪书院，位于华埠镇孔埠村。其初称临清楼，为元代名士戴雪溪收藏书画之室，后戴氏举族迁至孔埠后，由孔埠始迁祖戴朝遴改建为书院，作为戴氏之家学。

文山书屋，位于城关镇汶山村东山脚，乃吾氏发祥之地。据吾氏谱牒记载，明永乐间举人、时任北直大名府长垣县训导吾体，为实现父亲吾庆之遗愿所创建。该书屋主要用于储藏书籍和培训吾氏子弟，至清末和民国期间改为汶山小学。现已圮。

东皋书院，位于华埠镇东岸。其建于清康熙初年，明末工部尚书汪庆伯之子及其6位孙子均于此求学，时人称"东皋七凤"。

钟峰书院，位于县城北面，钟山之麓。其址原为明万历三十三年（1605）所造学官，清康熙时，学官迁城内，旧址改称为钟峰书院。后岁久失修。嘉庆年间，宋思襄倡议捐款重建。

天香书院，位于县城南卧佛山下（原文化馆旧址）。清乾隆初年，华埠人戴世伟捐西山别业创建。因院内有两株高大的桂花树，遂称天香书院。

明诚书屋，位于华埠镇青山底村（青联工业园区）。其由夏氏创建于清乾隆四十五年（1780），杭州人费淳（后任体仁阁大学士、兵部尚书、工部尚书）为其题写匾额，曰"民诚书屋"。

崇化书院，位于马金镇徐塘村，原包山书院遗址。清嘉庆十九年（1814），由崇化乡厚山村贡士朱鹤鸣倡议，全乡捐资建造。

北善书院，位于华埠镇芝田村（今华民村）。清嘉庆初，芝田徐氏以宗族捐资创办。

福山书院，位于县西十六都寺坞（一作士坞）。清道光三十年（1850），该村方廷玑、方节亭倡议全村捐资建造。现书院旧屋部分尚存。

（二）精神要素

1. "尊师崇先"的思想，即尊敬师长、崇敬先贤的传统儒家思想

自从孔氏后裔迁入衢州后，"尊师崇礼"的思想在衢州地区更加深入人心。这一思想强调对教育者的尊重和对历史先贤的崇敬。在开化，尊师崇先不仅体现在学校教育中，也是社会文化生活的重要组成部分。尊师，意味着尊重教师，重视教育。在开化，学校和家庭教育都非常注重培养孩子尊敬老师的品质。老师被视为传道、授业、解惑的重要角色，他们的教诲被认为是学生人生道路上的指南。在教师节和其他特殊场合，学生和家长会通过各种方式表达对老师的敬意。崇先，即崇敬先人，尊重历史。在开化，

人们重视历史文化遗产，尊崇历史上的伟人。这种思想体现在对历史文化遗址的保护、纪念活动的举办以及历史教育的推广。传统节日如清明节，人们会扫墓祭祖，以此表达对祖先的纪念和崇敬。"尊师崇先"的思想是开化文化宝贵的组成部分，反映了这个地区人民的精神面貌和价值取向。在尊重和崇敬中，开化人民传承着教育的火炬，保护着历史的记忆，构建着和谐的社会。

2. 传播先进文化和思想的观念

书院的开办扩大了中国古代学校教育的类型，起到了弥补官学不足的作用。书院提倡自由讲学，注重讨论，学术风气浓厚，开辟了新的学风，成为推动教育和学术发展的重要动力。

3. 注重启发诱导、倡导和谐发展的教育理念

书院教学除参加学术活动和教师必要的讲授外，主要是学生自学，所以书院很重视对学生的读书指导。

4. 重视教育的优良传统

开化自古重视教育，从宋代设立学官开始，到杨梅垅书院、霞山书舍、七虎堂书院、包山听雨轩、南峰书院等书院的开设，充分体现了开化人重视教育的优良传统。教育是一个国家发展的根本，同时也是个人成长成功道路上的阶梯，是提升人民素养、国民素质的关键，也是为国家的未来作准备。

（三）制度要素

1. 书院的教育经费来源多样化

开办书院的经费，一部分得到官府的资助，同时也依靠民间自己筹集，还有就是学田供给。经费来源相对多样化。

2. 书院实行山长负责制，管理体制日趋完备

书院的最高领导称为山长、洞主或洞长。山长既是主要的教学者，又是最高的管理者，并且往往由著名的学者来担任。随着办学规模的日益扩大和书院内部设施的日益增多，书院教学管理人员的设置也相应增加。书院教职人员人数的扩大和分工管理制度的形成，标志着书院教育管理水平的提高，也体现了书院教学管理形式更加规范化、制度化。

3. 书院实行开放式的教学和研究

求学者不受地域、学派的限制，均可前来听讲、求教。教学人员也不

限于书院自身，而是广泛邀请学界名流前来讲学。书院的开放风格，大大促进了学术交流和发展，也开阔了学生视野，深化了教学。讲会是书院的重大教学研究活动，不仅有本院教师讲学，也聘请社会名流或其他书院的学者前来参讲。各地书院甚至建立了互通音信的联络制度，事先商定日期，明确讲会主题，届时各地学者不远千里赴会，并有隆重的仪式。讲会大大提高了书院的学术地位和社会影响力。

（四）语言和象征符号

开化学宫

开化学宫，又称县学、孔庙，主要由政府创办，宋初位于县治之西。政和五年（1115），因校址范围狭小，县令李光遂移于通济门内上首，崇文巷之东北。淳熙二年（1175），县令朱庆迁于芹江之滨。后由于天灾人祸，学宫屡修屡圮，且历经多次迁移。直到清康熙六十年（1721），经众议，决定复迁城内起凤门旧址。当时，贡生詹锡武继承父志，捐资重建。雍正元年（1723）九月竣工，朝廷诏封孔子先世五代，改启圣祠为崇圣祠。大成殿设孔子神位，旁设四位配神，东为复圣颜回、述圣子思，西配宗圣曾参、亚圣孟轲。四配后设十二哲神。东西两庑各五楹，设先贤、先儒神位。自此，历经乾隆、嘉庆、道光、咸丰、同治、光绪六朝皆进行多次修葺。

二、核心基因提取与评价

基于对材料的全面、深入分析，得出开化学宫与书院的核心基因："'尊师崇先'的思想""传播先进文化和思想的观念""注重启发诱导、倡导和谐发展的教育理念""重视教育的优良传统"。

开化学宫与书院核心文化基因评价依据

评价项目	评价因子	评价依据（特点）	是 否
生命力评价	文化基因存续的时间	自出现起延续至今，未曾明显中断	
		自出现起延续至今，但多次衰微、中断后复兴	√
		曾明显衰败，改革开放后开始复兴或历史溯源关键环节缺失，难以考证	
		文化形态主体已灭失，现存部分痕迹	
	文化基因的稳定性	在发展过程中保持相当稳定的状态	√
		在发展过程中存在明显的精神内涵、表现形式剧变	
凝聚力评价	文化基因的凝聚力及社会动员效果	曾广泛凝聚起区域群体的力量，显著推动过社会经济文化的发展	√
		曾部分凝聚起区域群体力量，对社会经济文化的发展产生过影响	
		凝聚过力量，创造过实际的发展动能，但未见对社会经济文化发展产生显著改变	
		仅在历史文献或口耳相传中存在，未见实际介入社会经济发展	

评价项目	评价因子	评价依据（特点）	是否
影响力评价	辐射的范围	具有全国性、世界性的影响力	
		具有长三角区域、浙江省影响力	√
		具有市县、乡镇影响力	
	提炼的高度	已经被古代文人士大夫和当代学者提炼为精神符号和理念理论	√
		单纯的样式、造型、工艺技术规范	
发展力评价	与当代精神追求和价值观念的契合	传统文化基因得到创造性转化、创新性发展；区域革命文化基因被完整继承、广泛弘扬；区域社会主义先进文化基因成为与浙江"三个地"相适应的文化高地	
		部分转化、部分弘扬、部分发展	√
		难以转化、难以弘扬、难以发展	

说明：基因特点评价是对解码出来的基因，根据本《导则》表2的要求，围绕"四个力"逐一对表打"√"，进行定性表述

（一）生命力评价

开化学宫与书院作为一种主要的文化教学组织延续千年。尤其是书院，形成了独具特色的制度和精神，对开化文化的发展和人才的培养作出了重大的历史贡献。"'尊师崇先'的思想""传播先进文化和思想的观念""注重启发诱导、倡导和谐发展的教育理念""重视教育的优良传统"作为开化学宫与书院的核心基因，延续至今。

（二）凝聚力评价

学宫和书院起到了传承与弘扬中华文化的作用。尤其是书院，是中国古代独具特色的文化教育机构，是中华文化传承的重要阵地之一。北宋以来，"回向三代""复兴儒学"已成为士大夫阶层的共识与追求，"为往圣继绝学"成为那个时代的

主题。书院在其中承担了重要的历史使命。书院还是研究学术和文化总结集成的重要学府。如朱熹等人在武夷精舍（书院）聘请学者、汇集群言、讲学著述，修订了《小学》《童蒙须知》，审定了《易学启蒙》，完成了《孝经刊误》《周子通书》，刻印了《太极图说解》《西铭解》，以及《大学章句》《中庸章句》的序定，标志着《四书集注》思想体系的诞生，同时总结了从周敦颐、张载、程颐、程颢等北宋以来理学家的成就，构建了理学集大成的框架和规模。可见书院在传统社会中的凝聚力很强大。

（三）影响力评价

书院作为传统教育的重要组成部分，在历史上曾经对中国文化的传承、学术的创新都发挥过很大的作用。钱穆先生曾说："中国的传统教育制度，最好的莫过于书院制度。"在不同的历史时代，书院满足了不同层次读书人的需求，创造了层层递进的人才培养模式，建立了较完备的教育体制，为出身寒门的士子提供了求学的机会。中国古代的三大学术高峰，宋代理学、明代心学、清代朴学都与书院密切相关，引领这些学术潮流的学者都曾经通过书院来传达自己的思想和学术。古代书院的兴衰与古代文化的兴衰紧密联系，那些人才培养的理念至今仍具有现实的意义。

（四）发展力评价

随着社会的发展和教育改革的日益深化，教育对国家和民族的振兴的重要性越来越显著。因此，提高人才质量也显得日益迫切。梅贻琦曾说过：大学者，非谓有大楼之谓也，有大师之谓也。今天，书院已经渐行渐远，现代存留的书院也早已失去了它许多功能，但它的一些教育教学思想，如"尊师崇先"的思想，传播先进文化和思想的观念，注重启发诱导、倡导和谐发展的教育理念，重视教育的优良传统等，对于当代教育改革和发展仍具有一定的借鉴意义。

三、核心基因保存

　　"'尊师崇先'的思想""传播先进文化和思想的观念""注重启发诱导、倡导和谐发展的教育理念""重视教育的优良传统"作为"开化学官与书院"的核心基因,文字资料保存于历代《开化县志》及《浙江宋代书院概况》《孔氏南迁后浙江书院的发展》等文献中。

开化传统榨油工艺

钱江源头 开化文化基因

开化传统榨油工艺

　　人们常说："有米有油，光景不愁。"山茶油是我国特有的传统食用植物油，其历史源远流长。清代张宗法《三农纪》引《山海经》记载："员木，南方油食也。"这"员木"，据说即为油茶。不过今本《山海经》中未见"员木"的记载。明初俞宗本《种树书》最早记载了对野生油茶的利用，而明末徐光启《农政全书》则首次较全面反映了油茶生产应用的情况。

　　手工榨油，是开化农村的一项传统榨油技艺。开化县是"中国油茶之乡"，拥有省级油茶保护示范基地。开化有着种植山茶籽的悠久历史，山茶油是山区农民主要的经济来源。手工榨油，以其浓厚的地方特色、丰富的文化内涵和纯天然植物油的品质，深受人们青睐。

目前开化县仍有木榨手工榨油的油坊二十余家，主要分布在长虹乡、苏庄镇、齐溪镇、大溪边乡等地。

一、要素分解

（一）物质要素

1. 优越的生态环境

开化位于浙皖赣三省七县交界处。该区域属中亚热带常绿阔叶林带北部，植物区系丰富，具有南北交汇过渡带的特色，有着"中国的亚马孙雨林"美誉。开化森林覆盖率高，漫射光极其丰富，空气相对湿度80%左右，年平均雾日多时高达120天以上，被列为17个具有全球意义的山地保护地区和全国9个生态良好地区之一，为山茶的生长提供了最优的环境条件。

2. 盛产优质原料——油茶

开化县地处亚热带季风气候区，四季分明，素有"九山半水半分田"之称，产区内有较多的梯田，适合种植油菜和山茶籽，故盛产菜油和山茶油。

3. 完备的榨油工具

传统的手工榨油坊，是由一个双灶台、一辆水车、一个碾盘、一根硕大的榨槽木和一个悬空的油锤组成。榨油坊一般建在村落集中、水源充沛、绿树掩映的小溪岸边。一般每年农历四月底开始榨油。

（二）精神要素

1. 质朴求精的品格

开化县地处浙皖赣三省交界处，与江西婺源县江湾镇毗邻。以前山区交通相对不便，当地老百姓谋生艰难，利用天然资源提炼茶油是山区农民的主要收入之一。开化炼油人不断总结经验，改善工艺，凭着执着的坚持和追求，不断提高产品的质量，并在传授手艺的同时，也传递了耐心、专注、坚持的精神，使他们的手艺在传承中得到不断升华。

2. 勤劳善良的品质

千年的榨油历程，赋予了长虹乡丰富的民间习俗。20世纪80年代以前，各村的油茶还是统一开摘的。按农历上"九月挖金，十月挖银"的说法，采摘时，男女在油茶山上唱着山歌，以庆油茶丰收。油坊主人在每年清明时节要祭祀水神，以祈祷碾磨茶籽的水碓运转顺利。在开榨前，还要祭祀赵公元帅，以求油坊兴旺发财。从遥远的农耕时代起，在开化老油坊的碾轮下，便源源不息地流淌出古老的韵律和古朴别致的乡音乡情。

（三）制度要素

1. 炒干、碾粉、蒸粉等七个步骤的工艺制作流程

传统榨油工艺大致可以分七个步骤（以榨菜油为例）：

第一，炒干。将收来生湿的油菜籽放入灶台大锅之中炒干，炒干的标准是香而不能焦，注意要控制好灶台火候的大小，这关系到能否榨出香而纯的油，由一个师傅操控。

第二，碾粉。将炒干的油菜籽投到碾槽中碾碎。碾盘的动力由水车带动，水车和碾盘的直径一般在4米以上，碾盘上有三个碾轮，所有的构件均由木材制成。由水车作为动力的碾碎油菜籽一次大概需30分钟（牛拉约1个小时，电动约10分钟）。由一个师傅操控。

第三，蒸粉。油菜籽碾成粉末之后用木甑放入小锅蒸熟，一般一次蒸一个饼，约需2分钟，蒸熟的标准是见蒸汽但不能熟透。由一个师傅操控。

第四，做饼。将蒸熟的粉末填入用稻草垫底的圆形铁箍之中，做成胚饼，一榨50个饼，从蒸粉开始到完成50个饼约花2个小时。由一个师傅操控。

第五，入榨。将胚饼装入由一根整木凿成的榨槽里，槽内右侧装上木楔就可以开榨了。手工榨油坊的"主机"是一根粗硕的"油槽木"，长度必须5米以上，切面直径不能少于1米，树中心凿出一个长2米、宽40厘米的"油槽"，油胚饼填装在"油槽"里，开榨时，掌锤的师傅手执悬吊在空中大约30斤重的油锤，悠悠地撞到油槽中"进桩"上，于是，被挤榨的油胚饼便流出一缕缕金黄的清油，油从油槽中间的小口流出。由一个师傅操控。

第六，出榨。2个小时后，油几乎榨尽，就可以出榨了。出榨的顺序是，先撤"木进"，再撤木桩，最后撤饼。

第七，入缸。将榨出的菜油倒入大缸之中，并密封保存。

以上七步就是一个完整的传统榨油工艺，用这种木制压榨机榨出的香油与机械压榨的香油有很大的不同，它颜色金黄且味香，热度低，桶底没有菜籽沉淀物，而且搁置时间也比机榨的菜油要长。

2.师徒相授的传承形式

开化传统手工榨油技艺的传承一般是通过拜师学艺，传承传统制油技艺，另外通过创建传统的手工榨油坊，为该技艺开展传承。

（四）语言和象征符号

充满艺术气息的手工榨油工艺流程

整个榨油的过程充满着文化艺术的气息，手工榨油的工艺流程具有很高的技艺表演性，尤其抡锤撞击那一瞬间，就像一幅幅动态的画面，给人们一种力量美。特别是那长长的号子声，把我们带到了那遥远的岁月，让人们享受那古朴、典雅与宁静。

二、核心基因提取与评价

基于对材料的全面、深入分析，得出开化传统榨油工艺的核心基因："质朴求精的品格""勤劳善良的品质""炒干、碾粉、蒸粉等七个步骤的工艺制作流程"。

开化传统榨油工艺核心文化基因评价依据

评价项目	评价因子	评价依据（特点）	是否
生命力评价	文化基因存续的时间	自出现起延续至今，未曾明显中断	
		自出现起延续至今，但多次衰微、中断后复兴	√
		曾明显衰败，改革开放后开始复兴或历史溯源关键环节缺失，难以考证	
		文化形态主体已灭失，现存部分痕迹	
	文化基因的稳定性	在发展过程中保持相当稳定的状态	√
		在发展过程中存在明显的精神内涵、表现形式剧变	
凝聚力评价	文化基因的凝聚力及社会动员效果	曾广泛凝聚起区域群体的力量，显著推动过社会经济文化的发展	
		曾部分凝聚起区域群体力量，对社会经济文化的发展产生过影响	√
		凝聚过力量，创造过实际的发展动能，但未见对社会经济文化发展产生显著改变	
		仅在历史文献或口耳相传中存在，未见实际介入社会经济发展	

评价项目	评价因子	评价依据（特点）	是否
影响力评价	辐射的范围	具有全国性、世界性的影响力	
		具有长三角区域、浙江省影响力	
		具有市县、乡镇影响力	√
	提炼的高度	已经被古代文人士大夫和当代学者提炼为精神符号和理念理论	
		单纯的样式、造型、工艺技术规范	√
发展力评价	与当代精神追求和价值观念的契合	传统文化基因得到创造性转化、创新性发展；区域革命文化基因被完整继承、广泛弘扬；区域社会主义先进文化基因成为与浙江"三个地"相适应的文化高地	
		部分转化、部分弘扬、部分发展	√
		难以转化、难以弘扬、难以发展	
说明：基因特点评价是对解码出来的基因，根据本《导则》表2的要求，围绕"四个力"逐一对表打"√"，进行定性表述			

（一）生命力评价

传统榨油工艺是开化地区人民制备日常生活食材必备的技艺，历史源远流长。该技艺为农家生活所必备，一直沿用至今，并且以其纯天然、高质量的油品深受商品经济市场消费者的青睐，具有较强的生命力。因此，上述以传统榨油技艺为载体的三大文化基因也得到了持续的传承和发扬，形态保持稳定。

（二）凝聚力评价

在工业化大规模生产、商品经济大潮的背景下，开化传统榨油依然深受社会青睐，仍存有手工榨油的油坊二十余家。手工榨油产业带动了当地民众的就业、致富以及相关技艺、文化的传承和发扬，具有较强的凝聚力。以传统榨油技艺为载体的三大文化基因也得以传承，持续推动社会经济文化的发展。

（三）影响力评价

开化手工传统榨油拥有油坊二十余家，分布于开化县各处，油坊内制油师傅们匆忙的身影、木质工具发出的频繁碰撞展现市场旺盛的需求。这些榨油坊在开化县内、周边地区、互联网上均有庞大的市场客户群，这也展现着这项技艺的影响力不容小觑。以传统榨油技艺为载体的三大文化基因也随着榨油产品的制备、生产、销售走进千家万户，影响力不断扩大。

（四）发展力评价

"质朴求精的品格""勤劳善良的品质""炒干、碾粉、蒸粉等七个步骤的工艺制作流程"作为开化传统榨油工艺的核心基因，与当代精神追求和价值观念相契合，能够较好地转化、弘扬、发展。传统榨油产品以深厚的历史文化底蕴、优质的纯天然原材料、传统的古法加工技艺广受消费者青睐，发展前景良好。同时，以传统榨油技艺为载体的三大文化基因也伴随着榨油的销售、当地文旅活动的开展获得巨大的发展机会。

三、核心基因保存

　　"质朴求精的品格""勤劳善良的品质""炒干、碾粉、蒸粉等七个步骤的工艺制作流程"作为"开化传统榨油工艺"的核心基因，实物材料保存于开化县的长虹乡、苏庄镇、齐溪镇、大溪边乡等地的手工油坊。

开化传统制瓦技艺

钱江源头　开化文化基因

开化传统制瓦技艺

　　传统制瓦技艺在中华民族建筑发展史上有着突出的贡献，最早可以追溯到西周时期，至秦汉时期，出现了"秦砖汉瓦"的艺术顶峰，其发展脉络一直延续至今。瓦及瓦当文化包含了中华传统的文化因子，它承载了千百年来中华民族劳动人民的智慧和创造精神，更凸显了中国元素。

　　随着历史的发展，传统制瓦技艺伴随着工业化的发展，被赋予时代的印记。开化县作为浙西山区县，和江西、安徽毗邻，徽州文化和吴越文化在这里交融，优良的自然环境、丰富的黏土资源为开化发展土法制瓦提供了先天条件，勤劳智慧的开化人民在积极吸收各种文化的同时，也因地制宜地加入了江浙一带的江南民俗文化，使得这一技艺在开化得以继承和发展。

一、要素分解

（一）物质要素

1. 悠久的传统制瓦历史

传统制瓦技艺在中华民族建筑发展史上有着突出的贡献，最早可以追溯到西周时期，其发展脉络一直延续至今。开化传统的民间制瓦技艺已有数百年历史，并在文化交融中得以不断发展和进步。

2. 丰富的黏土资源

开化县作为浙西山区县，自然环境优良，黏土资源丰富，为开化发展土法制瓦提供了先天条件。

3. 齐备的制瓦工具和烧制设备

常用制瓦工具一般有小木板、专用钢丝手推切片工具、收泥桶、隔离纱布、转盘、刮泥刀、切边刀、模具泥桶、土窑。

（二）精神要素

1. 质朴求精的品格

传承制瓦技艺，融合古代书法、绘画、建筑、美学等学科知识，挖掘传统瓦艺精神内涵，结合传统制瓦技艺，因地制宜地开发现代瓦艺产品、作品，让传统制瓦技艺得以传承下来，发扬光大，充分体现了开化人民精益求精的工匠精神。

2.吃苦耐劳的精神

制瓦既是技术活，又是体力活，传统制瓦工艺包括诸多流程。为保证制成的瓦片结实耐用、品质稳定，开化人民在制作过程中严格把控着每个流程的质量。从原料选取到烧制成型，无一不凝聚着开化人民的辛劳与汗水。

3.对美好生活品质的向往和追求

传统制瓦技艺在开化已有数百年的历史，它不仅仅是制作屋顶瓦片的工艺，更是一种文化传承。这项技艺往往在家族中世代相传，或在师徒间传承。每一块瓦片不仅遮风挡雨，也是家居美学的体现。开化的瓦片以其独特的造型、花纹和耐久性而著称。瓦片上的花纹不仅有着实用的作用，比如帮助排水、增加结构的稳固，更有着深厚的文化和审美价值。传统图案如龙、凤、莲花等，不仅象征着吉祥如意，也展现了开化人对生活美学的追求。传统制瓦工艺体现了开化人对生活品质的重视。一个坚固而美观的屋顶被视为家庭幸福和社会地位的象征。在传统观念中，一个用心制作、精美耐用的屋顶，能够保佑家庭成员的安全和幸福。

（三）制度要素

1.选泥、踩泥、塑泥墙等十二道完整的制瓦工艺规范和流程

（1）选泥：黄泥掺适量水搓成条，以能绕成圈而不断的泥为好泥，这样的泥才能便于做瓦。

（2）踩泥：将黄泥踩烂，没有颗粒状石头在内，让泥富有黏性而中间不含空气。

（3）塑泥墙：把踩好的黄泥堆砌成比瓦片高度略宽的泥墙。

（4）刮泥面：把泥墙的最上层用小木板刮平。

（5）切泥片：用专用的钢丝手推切片工具把泥墙最上层切离泥墙。

（6）上模具：准备好专用塑型可卷收泥桶和隔离纱布，安装到齐腰高的转盘上，专业制瓦师傅用双手捧起泥片裹到泥桶上。

（7）塑瓦型：用专业弧形铁质刮泥工具把附在泥桶上的泥片两端连成一体，再边转转盘边刮平刮匀泥面，要从下往上刮，使其均匀光滑。

（8）切瓦边：塑型完毕后，用专用的制瓦简易切边工具，沿着瓦桶上边缘切掉多余的泥片，保留瓦片所需高度的泥片。

（9）去模具：从转盘上轻取下附有瓦坯的模具泥桶，轻轻放置于阴凉干燥处，往内卷曲模具泥桶，从中轻取出，轻慢掀去隔离布，四片瓦的瓦桶成型了（模具瓦桶上有均匀分布的四条棱）。

（10）分离瓦片：待到瓦坯快干透时，轻轻掰开瓦片，分成四片。

（11）晾瓦片：把已经成型的瓦片晾干。

（12）装窑烧制：把已经干透的瓦片放入土窑中烧制。

2.严谨的瓦画绘制工艺

（1）把烧制成型的瓦片清洗干净。

（2）根据瓦画的类型选择样板，或是自创画，先用铅笔画出底稿再上色或是先上底色再画底稿。（画工好的同学可以用丙烯颜料直接作画。）

（3）上色：用丙烯颜料直接作画，描边。

（4）待画干透，涂上油漆清漆。（便于保存，或是在有阳光的地方展示，不易褪色。）

3.师徒相授的传承形式

向民间制瓦艺人拜师学艺，传承传统制瓦技艺，或者创建传统制瓦作坊，开展传承教学，培养了一批学徒。现在，通过一系列的创新教学手段，丰富了瓦艺的内涵，取得了较好的社会效应。

（四）语言和象征符号

1.青瓦

一般指黏土青瓦。以黏土（包括页岩、煤矸石等粉料）为主要原料，经泥料处理、成型、干燥和焙烧而制成，颜色并非是青色，而是暗蓝色、灰蓝色。中国青瓦的生产比砖早，主要用于铺盖屋顶、屋脊，用作瓦当。青瓦给人以素雅、沉稳、古朴、宁静的美感，当代仿古建筑上用得比较多。

2.瓦当

瓦当，我国传统建筑物屋顶陶制筒瓦顶端下垂的部分，起保护檐头的作用，多圆形和半圆形。瓦当上刻有文字、图案，也有用四方之神的"朱雀""玄武""青龙""白虎"做图案的。瓦当的图案设计优美，字体行云流水，极富变化，有云头纹、几何形纹、饕餮纹、文字纹、动物纹等，为精致的艺术品，属于中国特有的文化艺术遗产。

二、核心基因提取与评价

基于对材料的全面、深入分析，得出开化传统制瓦技艺的核心基因："质朴求精的品格""吃苦耐劳的精神""选泥、踩泥、塑泥墙等十二道完整的制瓦工艺规范和流程""严谨的瓦画绘制工艺"。

开化传统制瓦技艺核心文化基因评价依据

评价项目	评价因子	评价依据（特点）	是否
生命力评价	文化基因存续的时间	自出现起延续至今，未曾明显中断	
		自出现起延续至今，但多次衰微、中断后复兴	
		曾明显衰败，改革开放后开始复兴或历史溯源关键环节缺失，难以考证	√
		文化形态主体已灭失，现存部分痕迹	
	文化基因的稳定性	在发展过程中保持相当稳定的状态	√
		在发展过程中存在明显的精神内涵、表现形式剧变	
凝聚力评价	文化基因的凝聚力及社会动员效果	曾广泛凝聚起区域群体的力量，显著推动过社会经济文化的发展	
		曾部分凝聚起区域群体力量，对社会经济文化的发展产生过影响	
		凝聚过力量，创造过实际的发展动能，但未见对社会经济文化发展产生显著改变	√
		仅在历史文献或口耳相传中存在，未见实际介入社会经济发展	

评价项目	评价因子	评价依据（特点）	是否
影响力评价	辐射的范围	具有全国性、世界性的影响力	
		具有长三角区域、浙江省影响力	
		具有市县、乡镇影响力	√
	提炼的高度	已经被古代文人士大夫和当代学者提炼为精神符号和理念理论	
		单纯的样式、造型、工艺技术规范	√
发展力评价	与当代精神追求和价值观念的契合	传统文化基因得到创造性转化、创新性发展；区域革命文化基因被完整继承、广泛弘扬；区域社会主义先进文化基因成为与浙江"三个地"相适应的文化高地	
		部分转化、部分弘扬、部分发展	√
		难以转化、难以弘扬、难以发展	
说明：基因特点评价是对解码出来的基因，根据本《导则》表2的要求，围绕"四个力"逐一对表打"√"，进行定性表述			

（一）生命力评价

制瓦起源于西周时期，一直延续至今，并在新时代融入工业化发展，在文旅市场进行多样性开发，比如制作旅游纪念品，创新性地研发新一代建筑物构件。正是上述四大文化基因推动了制瓦技艺的传承和发展，同时也证明了其本身蓬勃的生命力。

（二）凝聚力评价

"质朴求精的品格""吃苦耐劳的精神""选泥、踩泥、塑泥墙等十二道完整的制瓦工艺规范和流程""严谨的瓦画绘制工艺"作为开化传统制瓦技艺的核心基因，曾经带动了一批制瓦艺人的就业和当地制瓦产业的发展，虽然目前手工制瓦已经处于停滞状态，但因地制宜地重新开发制瓦行业，能够将四大文化基因传承发扬，体现其在新时代的凝聚力。

（三）影响力评价

开化传统制瓦技艺的核心基因，具有市县、乡镇的影响力。传统制瓦技艺在如今的社会影响力较为有限。在工业化大规模生产的背景下，传统技艺的生产效率大不如前，其市场覆盖范围大大缩小甚至消失，影响力仅存于当地市县，其文化基因影响力亦受限。

（四）发展力评价

虽然在工业品生产制作领域传统制瓦技艺已然式微，但是该技艺在文旅市场的发展潜力巨大，如制作工艺品、装饰品，开发旅游体验市场等，因此其文化基因亦可借助其新发展模式，得到传承发扬。

三、核心基因保存

　　"质朴求精的品格""吃苦耐劳的精神""选泥、踩泥、塑泥墙等十二道完整的制瓦工艺规范和流程""严谨的瓦画绘制工艺"作为"开化传统制瓦技艺"的核心基因，文字资料保存于开化新闻网、《今日开化》、《衢州日报》，实物材料保存于苏庄古窑址。

开化贡纸

钱江源头 开化文化基因

开化贡纸

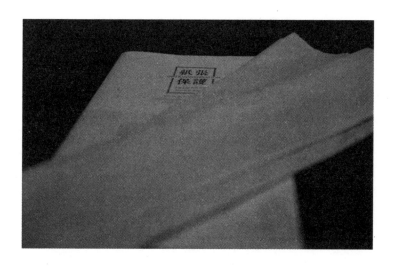

　　开化贡纸，也称开化纸，又称藤纸、开花纸、桃花纸，因产地得名，始于唐宋，盛于明清，风靡朝野，为中国古纸之极品，是明清最名贵的书籍用纸。在清代诸多的殿版书籍中，不少重要书籍均为开化纸的写本和刻印本。

　　开化纸细腻洁白，帘纹不显，温软柔润，薄中见韧，最大的特点在于其寿命，目前所知其他纸品的寿命最长不过300年，而开化纸的寿命可以逾越千年，仅此一项就可以傲立世界。开化纸目前主要用于古籍修复、典籍与善本再造等，对保存和传播中华文化、提升中华文化的软实力具有重要的意义。

开化纸享誉中外数百年，是中华优秀传统文化的重要体现，为了使这一国之瑰宝发扬光大，开化县成立了开化纸传统技艺研究中心，并取得了国家图书馆、复旦大学中华古籍保护研究院等单位的大力支持。

一、要素分解

（一）物质要素

1.山区充足的原材料

开化地处三省交界处，属中亚热带常绿阔叶林带北部，植物区系丰富，具有南北交汇过渡带的特色，有着"中国的亚马孙雨林"美誉，植被丰富。山林面积占总面积的95%。制作开化纸的原料主要是山桦皮和生长在荆棘丛中的野皮、黄桉皮、葛藤等四种，其中的黄桉皮最为名贵，它皮质细腻、柔韧，要到白石尖那样的高山石壁上才能采得到。山上有大量的野生植物桦皮树、野皮树，为制造优质纸提供了大量的原材料。

2.优质的水源

开化域内大小河流密布，源短流急，水量充沛，河床比降大，洪枯水位变化明显，含沙量少，均属于山溪性河流。开化县年平均降水量1830.8毫米，河流总长度3522.7千米，河网密度1.58千米/千米^2，径流总量27.2亿立方米，为造纸提供了充沛优质的水源。

3.齐备的纸榨、纸臼等制纸工具

纸榨。纸榨的功能主要是《天工开物》中记载的那样："数满，则上以板压。俏绳入棍，如榨酒法，使水气净尽流干。"使用木质纸榨，结合传统人工方式，按照杠杆原理所述，将湿纸中多余的水分去除。

纸臼。用于将造纸原料捣成泥浆，大大降低了劳动者的工作强度。

篁锅。由杉木制成，主要用来蒸煮竹麻等原料，其大小取决于蒸煮的原料数量。

纸帘。"有纸则有帘，有帘方成纸。"纸张能够成形是离不开纸帘的，同时纸帘还能够决定纸张的尺寸。

滑子池。一般置于纸槽旁，用于盛装制纸药液（调配纸浆）。

4.丰富的文献和史料记载

自明朝开始，关于开化纸的记载大量出现在文献和史料中。

（1）官方史志

《通典》，唐杜佑撰，二百卷，是中国历史上第一部体例完备的政书，记述传说中的唐虞至唐肃宗、代宗时历代典章制度沿革。内分9门，子目1500余条，约190万字。内载："信安郡：贡绵百屯纸六千张今衢州。"

《文献通考》，宋元之际史学家马端临撰。宋太平兴国六年（981），升开化场为县，属浙东路，贡绵、藤纸。

《宋史·地理志》，贡绵、藤纸。

《元丰九域志》，北宋王存等奉敕撰。土贡。绵一百两，藤纸五百张。

《大明一统志》，吏部尚书李贤等撰。土产狮橘：西安县出；茶：出龙游县方山者佳；砚：常山开化二县出；藤纸：开化县出。

除此之外，《续通典》《续文献通考》《续通志》和《清通典》《清文献通考》《清通志》都有记录。

（2）史料

《菽园杂记》，明陆容撰。陆容，成化二年（1466）进士，浙江右参政。《菽园杂记》被收入《四库全书》。

"浙之衢州，民以抄纸为业，每岁官纸之供，公私糜费无算，而内府贵臣视之，初不以为意也。闻天顺间，有老内官自江西回，见内府以官纸糊壁，面之饮泣，盖知其成之不易，而惜其暴殄之甚也。又闻之故老云：洪武年间，国子监生课簿仿书，按月送礼部。仿书发光禄寺包面，课簿送法司背面起稿，惜费如此。永乐、宣德间，鳌山烟火之费，亦兼用故纸，后来则不复然矣。成化间，流星爆杖等作，一切取榜纸为之，其费可胜计哉。世无内官如此人者，难与言此矣。"

"衢之常山、开化等县人，以造纸为业。其造法，采楮皮蒸过，擘去粗质，糁石灰，浸渍三宿，蹂之使熟，去灰。又浸水七日，复蒸之。濯去泥沙，曝晒经旬，舂烂，水漂，入胡桃藤等药，以竹丝帘承之。俟其凝结，掀置白上，以火干之。白者以砖板制为案卓状，圬以石灰，而厝火其下也。"

《饮和堂集》，清姚燮撰。姚燮，清康熙十七年（1678）山阴举人，开化教谕。《饮和堂集》被收入《四库全书总目》，刊《藤纸》诗五首，光绪《开化县志》选录了一首。"蔓衍空山与葛邻，相逢蔡仲发精神。金溪一夜捣成雪，玉版新添席上珍。"后经孙红旗挖掘，找到全部文稿。下四首："子夜初闻双杵鸣，无人知是楮先生。行看溪上藤萝月，已擅潇湘一半名。""弹丸深处薜萝中，工估当年斤削同。一自榛苓频寄慨，藤花遮莫笑东风。""缔交新得伴中书，长过鸡窗染素鱼。但使坚光同侧理，价高何必借三都。""锦水裁成五彩鲜，赫蹏未便赛名笺。只缘分得鸦青润，尺幅还胜十部贤。"

《御定骈字类编》被收入《四库全书》。藤纸：南诏石榴，子大，皮薄如藤纸……本草藤纸烧灰傅破伤出血及大人小儿内热衄血不止，用故藤纸瓶中烧存性一钱，入麝香少许酒服。

《明一统志》：藤纸，衢州府开化县出。

《本草纲目》，明李时珍著。藤纸：烧灰傅破伤出血及大人小儿内热衄血不止，用故藤纸瓶中烧存性二钱，入麝香少许酒服，仍以纸撚包麝香烧烟熏鼻。

（3）方志

（崇祯四年，1631）"照数派征，后为定例，自万历十一年始。"

清顺治九年（壬辰，1652），额办："盛京历日黄榜纸，二百五张，每张价银二分；书籍纸，四百九十九张，每张价银一分；白榜纸，三千二百二十五张，每张价银一分一厘。共银四十四两五钱六分五厘。外用木柜、竹夹、棕罩、锁、索、杠，价银五两，通共银四十九两五钱六分五厘。遇闰，加白榜纸九十八张半，该银一两八分三厘五毫。解府转解。"（雍正《开化县志》卷三《赋役志》）

以上额办上供物料4072.5张纸的折银是官方的杂税，也就是"公粮"，至于"余粮"上交或总体产量无法估计。

《请改折各项纸张详文云看得额解纸张屡奉》："兵道李（际期）……在承平日久之世，承熙袭洽人力物力俱充，然不诎全书所定前银自足办解。

大清革命以来，频经兵燹，纸槽荒圮，工匠流亡，近虽稍稍复来，而纸价数倍前时，且本县土产不给，差委抄造，及水脚柜索等费屡据该县共议，加银一百余两，移覆藩司通详在案。然加费无从征派，终属筑室空谈，何俾国用？今阅邸抄，见院部会议有云，本色颜料药材等项京中可以买办，并各省解到不堪用者，俱应议酌折银解部。京畿为天下都会，百物鳞集，纸张聚卖必多，且六七两年，黄白榜纸前准藩司因灰薄不堪上用，驳回另造。正与院部前二议相合。似应汇请折解。若必欲仍征纸张，则当如部覆江宁本色，因时定价，官买官解，不致累赔小民，之例酌加脚费等银，即于本款内编定，以便征办，伏候宪裁遵行者也。"

（4）书

开化纸承载着中国历史，许多重要典籍都是开化纸的刻写本。如《四库全书》《古今图书集成》《康熙字典》《全唐诗》《全唐文》《御制数理精蕴》《芥子园画册》《冰玉山庄诗集》《渊鉴斋御纂朱子全书》等，都被认为是开化纸系的刻印本。除此之外，还有直接冠以开化榜纸刻印的《春秋集传》《圣训三百卷》《上谕军令条约》《仁宗睿皇帝圣训》《钦定国史大臣列传》《古文渊鉴》《朱批谕旨》《御制诗》《渊鉴类函》等50余种。

（5）名家记述

大藏书家周叔弢先生在《温飞卿诗集笺注》小记中载："开花纸之名始于明代。明初江西设官局造上等纸供御用。其中有'小开花'等名目，陆容《菽园杂记》称衢之常山开化人造纸为业，'开花纸'或以产地得名，他省沿用之。"

故宫博物院图书馆馆长翁连溪在《清代内府刻书研究》中称："顺治朝刻书多采用'开化榜纸'和'白棉纸'，康雍乾三朝用纸多为近人所称的'开化纸'。"

1940年3月12日，出版家、上海文史馆馆长、商务印书馆董事长张元济在谈及拟印《册府元龟》时说："昔日开化纸精洁美好，无与伦比，今开化所造纸皆粗劣，用以糊雨伞矣。"

清康熙开化教谕姚夔在《藤纸》中有"金溪一夜捣成雪，玉版新添席上珍"两句，将开化造纸的景象描写得淋漓尽致。

康熙间太傅陈元龙在《格致镜原》中提及了"小开化纸""大开化纸"。

（6）开化县志

开化县志大量载明了明清贡纸的信息。崇祯《开化县志》在"条鞭"里有以下记载："松香光叶书籍纸等料银九两三钱三分五厘七毫"，"北京历日黄榜纸，二百五张，每张价银二分"，"书籍纸，四百九十九张，每张价银一分"，"白榜纸，三千二百二十五张，每张价银一分一厘"，"共银四十四两五钱六分五厘。外用木柜、竹夹、棕罩、锁、索、杠，价银五两，通共银四十九两五钱六分五厘。遇闰，加白榜纸九十八张半，该银一两八分三厘五毫。解府转解"。众所周知，明代为里甲制，万历大规模清丈后在全国推行"一条鞭法"，废除里甲，摊丁入亩，总括一县之赋役并为一条。清王朝沿用明制，《清史稿》载顺治元年（1644）十月诏告天下曰："地亩钱粮，悉照前明会计录，自顺治元年五月朔起，如额征解。"其中载录"榜纸、松香、光叶书籍纸"等项。《浙江通志》载顺治四年（1647）二月十二日钦奉恩诏："松香光叶书籍纸桐木黄白榜纸等项……自顺治四年正月初一日以前，已征在官者起解充饷，拖欠在民者悉行蠲免。"顺治

《开化县志》在"条鞭"项亦载明："国朝科纳仍用旧法"，"胖袄裤鞋槐花松香光叶书籍纸等"项，折银征收；唯有四千零二十五张半开化榜纸等依旧上交实货，与崇祯《开化县志》记载不同的是，上交的地址从原先的"北京"变改为"盛京"。这样的记录，在开化顺治、康熙、雍正、乾隆县志里都能见到。由此可见，至少自明万历十一年（1583）起，开化本邑每年要向朝廷进贡开化纸系四千零二十五张半。这些纸均为官买官解，照科纳税。

5.民间造纸手工艺人众多

徐柏春老人回忆说："我祖上就是造纸的，我的祖父徐樟义、曾祖父徐石冠都是造纸能手。历史上，我们居住的形边村除了一两户人家不做纸活，几乎都做纸。村民把做好的上等纸卖了，挣来的钱很好地贴补了家用。"家家户户造好的"绵藤纸"要按规定每年每户上交朝廷500张，剩下的就销往江西、安徽、福建以及浙江省内等地。直到新中国成立前，还有人专门上门来收购"绵藤纸"。"因为销路好，能赚钱，邻近的风川、源头、石畈、田里村也都纷纷效仿做'绵藤

纸'。有些人家不会做的，就来我家请我的家人当师傅。一时间，我们徐家师傅很吃香呢。"徐柏春的儿子、60岁的徐志明补充说："当时周围的村庄农户及大溪边、小溪边都有村民在做纸活，20刀一捆，一捆是1000张。"

（二）精神要素

1. 精益求精的品质

开化纸是清代最名贵的纸张，因为它质地细腻，极其洁白，帘纹不明显，纸虽薄而韧性强，柔软可爱，摸起来柔润而有韧性。清代顺治、康熙、雍正、乾隆时官里刊书以及扬州诗局所刻的书多用这种纸。开化贡纸制作在原材料和极个别工艺上与其他手工纸有所不同，导致开化贡纸成纸品质更佳。清内府有"四殿两阁"，均刻印书籍，唯武英殿刻本最为讲究，一般由皇帝亲选最有学问的硕学鸿儒、百里挑一的工匠，编纂、雕印、校刊和装潢质量均登峰造极。在用纸方面，清内府本以开化纸系、宣纸、连四纸和棉纸为主。开化纸系的荣耀在明清两朝被提升到无以复加的地步，是中国古纸的极品，也是清后官私刻印及收藏家手中的珍宝。这充分体现出开化纸的

手工艺人精益求精、追求完美的品质。

2. 立足本职、勤劳踏实的品格

开化造纸业的发展历史悠久，造纸人的品格和工艺得到了社会的广泛认可。开化纸是开化手艺人对"精工善艺"品格的最好诠释，体现了开化人立足本职、勤劳踏实、精益求精、自我完善的执着追求。这些品质不仅体现在对传统手工艺的坚守上，也展现在对工艺创新和技术精进的不懈追求上。开化造纸工人深知，优质的纸张是文化传承的重要载体。因此，他们致力于保持造纸技艺的纯粹与传统，不断提高纸张的质量。立足本职，对他们而言，意味着对造纸艺术的深度理解和长期的献身。开化的造纸工人以勤劳著称，他们不怕艰辛，细致入微地处理每一步造纸过程，从选材、碾磨到成纸，每一环节都力求达到最佳。这种勤劳踏实的工作态度确保了产品的一贯高品质。在坚守传统的同时，开化造纸人也不断探索创新。他们尝试使用新材料、改进工艺流程，以及应用现代科技于传统造纸中。这种开放的态度使得开化的造纸业能够适应市场的变化，同时保留其独有的文化魅力。

（三）制度要素

1. 采皮、浸料、蒸皮等十大工艺制作流程

明代陆容编撰的《菽园杂记》中记载了开化贡纸的制作流程：采楮皮蒸过，擘去粗质，糁石灰，浸渍三宿，蹂之使熟，去灰。又浸水七日，复蒸之。濯去泥沙，曝晒经旬，舂烂，水漂，入胡桃藤等药，以竹丝帘承之。俟其凝结，掀置白上，以火干之。白者以砖板制为案卓状，圬以石灰，而厝火其下也。总结为采皮—浸料—蒸皮—打皮—沤制—洗料—舂捣—捞纸—焙纸—成纸等十大步骤。

2. 师徒相授的传承形式

早期都是以师徒相授的形式传承，师傅手把手教徒弟，传授制纸经验。目前开化贡纸的非遗传承人是黄宏健，他是开化华埠镇溪东村人，自幼钟爱书画艺术，潜心钻研开化纸，尝试探索开化纸的制造工艺，经过长达两年时间搜集整理开化纸工艺和配方的资料，并专程探访民间各地的十几位抄纸老艺人讨教造纸工艺，成功复制出开化贡纸，成为开化贡纸当代非遗传承人。

3. 践行开化纸传统技艺保护机制

搜集开化纸传统技艺、史册史料和历史遗存，进行汇编整理，采集考证制作原材料的分布、储量及特性。开化贡纸制作技艺于2009年成功被列入第三批浙江省非物质文化遗产名录。

4. 成立开化纸传统技艺研究中心

每年从文旅扶持资金中安排专项经费扶持研究恢复工作，先后赴国家图书馆、浙江图书馆、黄山学院等地学习开化纸相关典藏并交流技艺，邀请国家图书馆常务副馆长、国家古籍保护中心副主任张志清教授，北京大学中文系教授龚鹏程等到开化调研指导，并作专题辅导报告。

（四）语言和象征符号

开化纸

开化纸系风靡明清之朝野，但对于开化纸系的品名，数百年来各说纷纭，莫衷一是。世人传说的开化纸系分为开化纸、开化榜纸、开化藤纸和桃花纸等。笔者从唐《通典》起始，查阅了大量的历史文献，仅发现开化榜纸、开化藤纸以品名的方式存在于史料之中。这就让人猜疑"开化纸"作为品名或是当今的研究人员对近现代专家、学者的见解及古籍文献、历史资料的诠释产生了偏颇与误差。周

叔弢先生在《温飞卿诗集笺注》小记中载："开花纸之名始于明代。明初江西设官局造上等纸供御用。其中有'小开花'等名目，陆容《菽园杂记》称衢之常山开化人造纸为业，'开花纸'或以产地得名，他省沿用之。"相关文献记载，清代印书用纸品种繁多，最好的是开化纸，其次是开化榜纸、棉连纸等。内府和武英殿、扬州诗局本多采用开化纸，如清雍正五年内府刊本《小字集注》为洁白开化纸。周叔弢先生小记中提到的《菽园杂记》明确称："衢之常山、开化等县人，以造纸为业。"张元济先生明确表示："昔日开化纸精洁美好，无与伦比，今开化所造纸皆粗劣，用以糊雨伞矣。"前后两个"开化"都应当是指开化所造之纸。

二、核心基因提取与评价

基于对材料的全面、深入分析,得出开化贡纸的核心基因:"精益求精的品质""立足本职、勤劳踏实的品格""采皮、浸料、蒸皮等十大工艺制作流程"。

开化贡纸核心文化基因评价依据

评价项目	评价因子	评价依据(特点)	是否
生命力评价	文化基因存续的时间	自出现起延续至今,未曾明显中断	
		自出现起延续至今,但多次衰微、中断后复兴	√
		曾明显衰败,改革开放后开始复兴或历史溯源关键环节缺失,难以考证	
		文化形态主体已灭失,现存部分痕迹	
	文化基因的稳定性	在发展过程中保持相当稳定的状态	√
		在发展过程中存在明显的精神内涵、表现形式剧变	
凝聚力评价	文化基因的凝聚力及社会动员效果	曾广泛凝聚起区域群体的力量,显著推动过社会经济文化的发展	
		曾部分凝聚起区域群体力量,对社会经济文化的发展产生过影响	√
		凝聚过力量,创造过实际的发展动能,但未见对社会经济文化发展产生显著改变	
		仅在历史文献或口耳相传中存在,未见实际介入社会经济发展	

续表

评价项目	评价因子	评价依据（特点）	是否
影响力评价	辐射的范围	具有全国性、世界性的影响力	
		具有长三角区域、浙江省影响力	√
		具有市县、乡镇影响力	
	提炼的高度	已经被古代文人士大夫和当代学者提炼为精神符号和理念理论	
		单纯的样式、造型、工艺技术规范	√
发展力评价	与当代精神追求和价值观念的契合	传统文化基因得到创造性转化、创新性发展；区域革命文化基因被完整继承、广泛弘扬；区域社会主义先进文化基因成为与浙江"三个地"相适应的文化高地	
		部分转化、部分弘扬、部分发展	√
		难以转化、难以弘扬、难以发展	
说明：基因特点评价是对解码出来的基因，根据本《导则》表2的要求，围绕"四个力"逐一对表打"√"，进行定性表述			

（一）生命力评价

开化贡纸最早可以追溯至唐代，唐《通典》中就有衢州贡纸的记录："信安郡：贡绵百屯纸六千张。"《宋史》记载："衢州，贡绵、藤纸。"《元丰九域志》记录："土贡。绵一百两，藤纸五百张。"崇祯《开化县志》在"条鞭"里有以下记载："北京历日黄榜纸，二百五张，每张价银二分"，"书籍纸，四百九十九张，每张价银一分"，"白榜纸，三千二百二十五张，每张价银一分一厘"。其基因从唐朝延续至今，可见其强大的生命力。

（二）凝聚力评价

根据各地方志记载，历史上除开化县外，周边的常山县、玉山县、上饶县、铅山县等都生产开化纸。目前仅有开化县有专人从事开化贡纸制作技艺的传承和发展工作。开化县造纸历史悠久，县内纸槽林立，从其业者甚众。其中林山乡、村头镇、华埠镇、马金镇、何田乡等都有大量造纸遗存，由此可窥探出昔日开化贡纸的辉煌。目前开化贡纸制作技艺传承工作主要集中在村头镇形边村和华埠镇朝阳村，其中以华埠镇朝阳村皂角自然村的开化纸传统技艺研究中心抄造的开化纸纸品最佳，可与古纸相媲美，获得了国内外业界专家的高度赞誉。

（三）影响力评价

清朝的《四库全书》《古今图书集成》《康熙字典》《全唐诗》《全唐文》《御制数理精蕴》，康熙年间的《芥子园画册》《冰玉山庄诗集》《渊鉴斋御纂朱子全书》等，都被认定是开化纸系的刻印本。除此之外，还有直接冠以开化榜纸刻印的《春秋集传》《圣训三百卷》《上谕军令条约》《仁宗睿皇帝圣训》《钦定国史大臣列传》《古文渊鉴》《朱批谕旨》《御制诗》等50余种。可见其影响力是巨大的。

（四）发展力评价

开化纸以其细腻洁白、帘纹不显、温软柔润、薄中见韧的特点深受文人墨客的青睐，在古籍善本的修复收藏中也占据重要地位，在书画界也必能引发收藏热潮，为文人墨客所钟爱。在现代文创产品开发和古籍复制方面同样具有良好的发展力。

三、核心基因保存

"精益求精的品质""立足本职、勤劳踏实的品格""采皮、浸料、蒸皮等十大工艺制作流程"作为"开化贡纸"的核心基因，文字资料保存于《通典》等全国史志、《菽园杂记》、历代《开化县志》，以及《芥子园画册》《冰玉山庄诗集》《渊鉴斋御纂朱子全书》等文献中。

开化目莲戏

钱江源头 开化文化基因

开化目莲戏

　　开化目莲戏（一作目连戏）可追溯到清乾隆年间，由安徽的祁门和婺源（今属江西）流传至浙江省衢州市开化县马金、张湾、苏庄等乡镇的村落，是当地极具地域性特征的非物质文化遗产。这一戏曲以开化方言表演，念为主，以鼓击节，锣钹为伴奏，声腔属于高腔范畴，曲牌联缀和板腔体综合使用，是我国唯一的历史宗教戏。几百年来，经过众多艺人的锤炼，开化目莲戏以其丰富的表演形式、兼容并包的表演手段、积淀深厚的音乐素材及情景交融、观演互动的演出排场，在民间盛演不衰。开化目莲戏因《目莲僧救母》一剧而得名，是中国古老的戏曲剧种，是戏剧研究领域的"活化石"。

开化的目莲戏有正、花两种。正目莲五本，以《目莲救母》为主。花目莲二本，为《倒精忠和顺精忠》。唱高腔，无管弦，用打击乐伴奏和后台帮腔。由于《目莲戏》长期在民间演出，无管弦伴奏，渐渐被人们厌烦，此时民间增加了管弦乐伴奏。由于受开化的民间小调和道士音乐的影响，在《目莲戏》音乐中便融入民间小调等旋律，出现开化高腔和八平高腔等调戏，因此，被称为开化目莲戏。

开化目莲戏，分道士班和专业戏班两种演出形式。道士班主要是为超度亡灵做功德、做法事演出，时间三昼夜，演员只需3—5人，以唱念为主，规模较小。专业戏班演出规模庞大，演员较多，以舞台唱、做、念、打等综合表演献艺，一般要演5—7天，并由"目莲社"等民间戏会组织演出。

开化目莲戏于2009年被列入第三批浙江省非物质文化遗产名录。

一、要素分解

（一）物质要素

1. 地处浙皖赣三省交界处，交通要塞，经济繁荣

开化县地处浙江省西部，与江西、安徽两省七县毗邻，是一个徽派文化、皖南文化与江浙文化的交汇地，特别是在南宋时期，大批的徽商云集开化，大量的物资要通过开化水陆两路运往京城杭州等地，开化就成了一个物资集散地，经济的繁荣发展也促进了文化的兴盛，目莲戏就是此时流入开化的。据史料考证，南宋光宗年间就有《目莲救母》杂剧。

2. 从安徽祁门和婺源（今属江西）传入

清代目莲戏从安徽祁门和婺源（今属江西）传入开化。清乾隆年间，婺源汪和元来苏庄镇云台寺为僧，开设道士班，广招门徒传授目莲戏。清嘉庆三年（1798），其弟子丁芝天继续传艺演出。清光绪年间，马金镇杨和村张金元成立"目莲社"，在本村田坂搭台连演七昼夜，观者蜂至，商客云集。民国三年（1914），马金上街程春林开办"彩玉班"，以演目莲戏为主，影响颇大。民国十三年（1924），其子程锦堂将戏班转卖给徐塘朱清古，改名"清古班"，直到民国三十七年（1948）才解散。1953年，苏庄镇叶绍烨等又演出目莲戏。

3.丰富的演出剧目

开化目莲戏正戏有目莲五本，以《目莲救母》为主，还有《大佛登殿》《傅荣逼债》《傅相升天》《杀狗开荤》《拷打益利》《大破血湖》。花目莲有《倒精忠和顺精忠》《三国演义》《岳飞传》等。

4.丰富的伴奏乐器

板鼓、唢呐、二胡、笛子、先锋、鼓板、堂鼓、大锣、大钹、小钹、小锣等。

5.灵活的演出场所

一是道士做功课演出，因人少，只有三五人或七八人，一般在家中的堂前或大门外的晒场上搭小台演，连演三晚。二是请班社来演，必须在庙宇或祠堂对面的空地上搭大台。台前的两边还要搭许多小棚，便于妇女看戏。

（二）精神要素

1.博采众长、兼容并包的精神

开化目莲戏在长期而又频繁的演出活动中，受到当地的民间小调、山歌号子以及其他戏曲的影响，在保留了佛教音乐的基础上，吸收了其他姐妹艺术的长处，逐渐形成了自己的艺术特色。

2.人们对美好生活的向往

开化当时成了物资集散地，经济的繁荣发展也促进了文化的兴盛，以及改善了人们的生活。物质基本得到满足后，人们就对精神生活产生了新的需求，目莲戏的出现成为人们在节日里集会时最好的娱乐方式之一，体现了人们对美好生活的精神需求。

（三）制度要素

1.重复的唱词

开化目莲戏的词格没有一个系统的规律，较为自由。这是因为民间艺人在传授中常采取口传心记的方式，经文人精心整理的唱词不多见，从而使唱词通俗化、口语化，这样一来，曲谱的发展不受词格的束缚，自由随意。但在开化目莲戏曲谱中可以看见，它并非是一串零散的、无筋骨的曲调，这是因为它采用了重复唱词的手法，将曲调灵活地发展成有明显的起落句，从而解决了词格上不规则的矛盾。

2.丰富的调式

高腔多为羽调式和商调式，而开化目莲戏除以上两种调式外，也有为数不少的徵调式出现，并有较多的段落采用了尾转的方法，既丰富了曲调，且发展也十分自然。

3. 多样的曲式

开化目莲戏大都是起承转合的四句体，也有对仗式两句体。这与我国民间戏曲音乐是共通的，但开化目莲戏的曲式并不死板划一，从许多曲调中看到，往往在"承"与"转"上大做文章，我们称之为"头小尾短腹中大"。而许多唱段的尾部旋律皆是从首句中摘其部分作为全曲的结束，真是"首尾呼应内变化，不拘一格曲流畅"。

4. 加入伴奏

由于目莲戏没有管弦乐伴奏，只是干敲锣鼓，渐渐被人们厌烦，特别是专业戏班（他们要演其他剧目）在演出时，乐队面朝观众就座，颇觉无聊。因此，少数戏班的乐师们就拿起乐器笛、胡琴、唢呐等为演唱者托腔，这就使古老的剧种有了新的特色，倍受观者赞赏和欢迎，如活动在开化、淳安等地颇有名气的"老福林班"就是如此。

5. 后台帮腔

开化目莲戏的后台帮腔均由掌鼓者担任，其余乐队一般不加入，而且掌鼓者必须谙熟全部剧本的内容、唱腔、念白及人物进出场等，否则不能胜任，而且当某些新任角色的演员忘记台词时，他即能启示或直接启唱。因而他坐在出台口的首位（一般有乐队五人，分别为板鼓、堂鼓一人，大锣一人，大钹一人，小钹一人，小锣一人，打击乐规格与婺剧相同）。

6. 行当清楚

由专业班社演出的目莲以行当分为小生、正生、小旦、正旦、老外、老旦、大花、二花、三花等。但唱腔曲调因人物而相对规定，如各班子演目莲的大凡一致，演家奴益利或目莲娘的也都大凡一致。而道士班演出由于人少，不能细分行当，皆由一人当两人或当几人演唱，曲调也基本统一。因此，凡演目莲戏，不论什么班社，唱腔曲调出自同一模式。

7. 师徒相授的传承形式

目莲戏作为一种地方戏曲艺术，其传承方式典型地体现在师徒相授的形式上。在开化，这种传统的师承模式不仅传递艺术技能，也传承文化和精神价值观。在目莲戏的教学中，师傅扮演着至关重要的角色。他们不仅将自己的表演技巧和艺术理解传授给徒弟，还会传达戏曲的精神内涵和生活智慧。徒弟通过长时间的学习和实践，从师傅那里学习到戏曲的每一个细节，从基本功到表演风格。目莲戏的教学通常是一对一的，这种个性化的教学方式使得传承更加精准和深入。师傅根据每个徒弟的特点和进度进行指导，确保技艺和艺术理解的准确传递。除了艺术技能的传授，师傅还会教导徒弟戏曲背后的文化和道德理念。目莲戏中蕴含的传统价值观、历史故事和道德观念，通过师徒关系在无形中得以延续。尽管师徒相授是一种有效的传承方式，但在现代社会，这种形式也面临着挑战。随着生活节奏的加快和文化多样性的增加，年轻一代可能对传统艺术的兴趣减少。因此，艺术家们正在寻求创新的方式来吸引更多的年轻人学习和欣赏这一艺术形式。

（四）语言和象征符号

1. 以语言节奏为依据的戏曲表现形式

开化目莲戏音乐的节奏同样来源于自然的生活节奏，与语言节奏相适应。为了更强烈地表达情感，它往往突破语言自然的局限，使旋律更鲜明、生动。其较为突出的是常常使用跨小节的切分形式的节奏型，即用前一小节的后半拍延音到后一小节的前半拍位置上，然后在这一拍的后半拍上另起唱词，以造成节奏进行中的停顿及跳跃性，从而使曲谱富有浓厚的戏曲色彩。

2. 独特的曲式结构

从许多曲调中可以看到，开化目莲戏的某些唱段往往是腹大两头小的，这是因为艺人们在承句与转句上做了文章，使曲式变化而不离其宗。通常运用不严格重复的手法，使乐句或乐段有的换头不换尾，有的换尾不换头，加旋进行，富有新意，从而形成了"头小尾短腹中大"的连带体曲式，并且许多唱段的尾部旋律皆是从首句中摘其部分作为全曲的结束的，以之使整个曲调前后呼应和连贯，旋律流畅、自然。

3. 独特的唱腔

开化目莲戏以曲牌联缀和板腔体综合使用。声腔属高腔范畴。由于它来自安徽的祁门和婺源（今属江西），因此它和安徽的青阳腔乃至元末明初的江西弋阳腔同宗共祖，一脉相承。并且，其中部分曲牌始于宋南曲。南宋孟元老《东京梦华录》记载"构肆乐人，自过七夕，便般《目连救母》杂剧，直至十五日止，观者增倍"，清楚地证明了这一点。开化目莲戏虽然有其他高腔剧种扬调高亢，后台帮腔，以及只用打击乐、不用管弦乐伴奏的特点，但艺人们通过长期的艺术实践，逐渐感到这种徒歌干唱、高声叫喊的曲调难入人耳，演唱者又十分吃力。因而，他们创造性地在目莲戏曲调中糅合了各种姐妹艺术中的可取之处，如开化山歌、小调和三脚戏等曲调都成了他们借鉴的素材。由于开化历来属旧称为"西安"的衢州府，因而，开化目莲戏中还包含了"西安高腔"中的某些乐句。同时，开化目莲戏有较多的道士班演出，自然，法事戏的道士音调也就融在其中了。

二、核心基因提取与评价

基于对材料的全面、深入分析，得出开化目莲戏的核心基因："博采众长、兼容并包的精神""以语言节奏为依据的戏曲表现形式""独特的曲式结构和唱腔"。

开化目莲戏核心文化基因评价依据

评价项目	评价因子	评价依据（特点）	是否
生命力评价	文化基因存续的时间	自出现起延续至今，未曾明显中断	√
		自出现起延续至今，但多次衰微、中断后复兴	
		曾明显衰败，改革开放后开始复兴或历史溯源关键环节缺失，难以考证	
		文化形态主体已灭失，现存部分痕迹	
	文化基因的稳定性	在发展过程中保持相当稳定的状态	√
		在发展过程中存在明显的精神内涵、表现形式剧变	
凝聚力评价	文化基因的凝聚力及社会动员效果	曾广泛凝聚起区域群体的力量，显著推动过社会经济文化的发展	
		曾部分凝聚起区域群体力量，对社会经济文化的发展产生过影响	√
		凝聚过力量，创造过实际的发展动能，但未见对社会经济文化发展产生显著改变	
		仅在历史文献或口耳相传中存在，未见实际介入社会经济发展	

评价项目	评价因子	评价依据（特点）	是否
影响力评价	辐射的范围	具有全国性、世界性的影响力	
		具有长三角区域、浙江省影响力	
		具有市县、乡镇影响力	√
	提炼的高度	已经被古代文人士大夫和当代学者提炼为精神符号和理念理论	
		单纯的样式、造型、工艺技术规范	√
发展力评价	与当代精神追求和价值观念的契合	传统文化基因得到创造性转化、创新性发展；区域革命文化基因被完整继承、广泛弘扬；区域社会主义先进文化基因成为与浙江"三个地"相适应的文化高地	
		部分转化、部分弘扬、部分发展	√
		难以转化、难以弘扬、难以发展	
说明：基因特点评价是对解码出来的基因，根据本《导则》表 2 的要求，围绕"四个力"逐一对表打"√"，进行定性表述			

（一）生命力评价

开化目莲戏自清乾隆年间从安徽祁门和婺源（今属江西）传入，已有两三百年的历史。延续至今，可见其基因传承的稳定性。

（二）凝聚力评价

目莲戏在开化、淳安、遂安都较为流行。其专业戏班演出规模庞大，演员较多，以舞台唱、做、念、打等综合表演献艺，一般要演 5—7 天，并由"目莲社"等民间戏会组织演出。凡村中遇到不祥或灾祸，即起演目莲戏，以求平安。演出之前，家家户户必须打扫庭院，人人戒荤吃素，台前两角置两只大铁锅，内烧香纸锡箔。无论亲戚朋友，还是小贩商贾，都可以在周围村中吃肉唱酒。芳村乡至今还流传"芳村演目莲，吃唱两边沿"的民谚。在民间具有强大的凝聚力。

（三）影响力评价

目莲戏在开化境内的主要流行范围为杨林、苏庄、张湾、芳村、汶山、音坑、菖蒲、黄谷、马金、村头、大溪边、霞山、徐塘、篁岸、星口、底本、林山等地的乡村，同时在淳安、遂安也较为流行。民间影响力广泛。

（四）发展力评价

"博采众长、兼容并包的精神""以语言节奏为依据的戏曲表现形式""独特的曲式结构和唱腔"作为开化目莲戏的核心基因，与当下时代精神相吻合。在当下文旅融合、创新舞台表演形式的背景下，具有较好的发展潜力。

三、核心基因保存

　　"博采众长、兼容并包的精神""以语言节奏为依据的戏曲表现形式""独特的曲式结构和唱腔"作为"开化目莲戏"的核心基因，文字资料保存于《中国戏曲志·浙江卷》、《中国戏曲音乐集成·浙江卷》、《开化目莲戏音乐》、《戏文》杂志等文献中。实物材料保存于开化的杨林、苏庄、张湾、芳村、汶山、音坑、菖蒲、黄谷、马金、村头、大溪边、霞山、徐塘、篁岸、星口、底本、林山等地的乡村。

开化香火草龙

钱江源头　开化文化基因

开化香火草龙

开化香火草龙，又称草龙，是广泛流传于开化县农村的一种古老的民间龙文化活动，每年农历八月十五日舞草龙，已成为传统性的群众娱乐习俗。

开化县的香火草龙流传面广，通过多次对全县民间艺术和文化遗产的发掘调查发现，除桐村镇外，在其他13个乡镇里，历史上都有草龙的活动流传。香火草龙的品种也千姿百态，城东、城北的草龙小型灵活，北乡的草龙粗重壮实，西乡的草龙身长百尺、多节组合、众人迎舞。深藏在古田山区里的苏庄草龙，是开化香火草龙舞的代表。富户村的草龙配套了一支庞大的帝式銮驾队。溪西村的字匾草龙、余村的狮象草龙、苏庄村的三索圆节龙也各显风采。

草龙被称为香火草龙,是因为"龙"身上都要插上棒香,在舞龙前将香点燃,整支草龙队就是一条独特的龙灯队。它虽然不像元宵龙灯那样明光亮火,但带给人们的是用星星火点编织夜空的朦胧美,密密麻麻的棒香在草龙身上成为熠熠发光的龙鳞,夜间用香火组成的各种图案是任何画师都难以勾画的。

开化香火草龙那古朴奇特的表现形式,在开化县传习已久,并且至今还保留得这么完整,因为它的活动和人类生存休戚相关,并有巨大的召唤力。而钱江源头的生态环境又使开化香火草龙舞的艺术生命历久弥新。

一、要素分解

（一）物质要素

1. 孕育于农耕文明时代

中华龙文化，最晚产生于旧石器时代，在狩猎采集阶段，人们还是将龙当作祖先，农牧业形成之后，才把龙奉为神。浙江是世界农业文明发源地之一，很早就有水稻种植的历史。稻作生长需要充足的雨水，古人总是求助于掌管风雨的上苍之龙的"天"，所以不论是旱是涝，都得靠天上的苍龙。在稻作物秋收后，首先要敬谢的当然是上天。获得丰收要感谢苍龙，即使歉收，也得叩请苍龙来年恩泽大地。从开化中村新石器遗址发掘来看，开化在新石器时代就有人类活动，而开化地域又是稻作栽培区，同样要进行祭龙活动。用稻作物制作的物件进行祭祀，拜谢保护神的庇护，自然就形成舞草龙祈求活动。最初只是敬上天的"龙"，后来由于秋收季节正好在阴历八月，而八月十五的月亮要比其他几个月的满月更圆更亮。在古代，人们认为月亮是仅次于太阳的天神，作物的生长，太阳给予光，月亮给予露，苍龙给予水，土地给予根，秋收之后的感恩、祭祀当然包括月亮，所以就产生了祭太阳神、月亮神、土地神的"秋祀"这样的仪式。而原先感恩上苍的舞草龙祭，很自然地就与中秋节的"秋祀"连成一体。开化香火草龙形成的古代传说中，有一种说法是，一条千年修炼的白崖龙，在大旱连年之际，为排旱降雨，托梦乡人，嘱在中秋之夜扎一条草龙送入河中而保丰收。这足以说明在农耕文明时代，人们就已将祭龙、敬月的活动，很自然地联系在一起，孕育了中秋舞草龙的活动。这样，草龙就在漫长的农耕时代孕育下抬起头，舞起来，草龙的魅力渐渐显现出来。

2. 成长在秦汉期

据史籍记载，"中秋"一词，早在《周礼》中就出现了。周代已有"中秋夜迎寒""秋分夕月（拜月）"的活动。可见中秋活动在周代之前就有。魏晋时期也有"谢尚镇牛渚，中秋夕与左右微服泛江"之记载，这时的中秋民俗活动已带有娱乐的成分。而在两汉时，佛教已传入中国，民间拜佛之习应时而兴，而秋祀的重心是拜月，此时的草龙拜月也就有了插香点火的仪式，就有了香龙的意象。开化苏庄富户村的草龙，在2000年从深山里走进杭州参加浙江省广场文化艺术节开幕式表演之前，其造型一直保持古老的传统，龙身是一条数十米长的粗草绳，上面插满香火，用手直接托举舞动，

而龙头是很简单的两个圈的扁形头，明显带有魏晋时代龙文化中扁形龙的痕迹。一项民俗活动到有文字记载时，其之前的发生和发展的历史过程一定会很漫长。开化的香火草龙文字记载上有起于唐之说，就说明此前的草龙活动已有一定的影响。

3. 鼎盛在明清期

开化香火草龙舞，在元之前，尚未在全县遍及。元至正二十二年（1362），朱元璋从鄱阳湖兵败屯兵浙西开化苏庄，在富户村观过舞草龙表演之后，于至正二十八年（1368）在南京即帝位，改年号为大明洪武元年。因当年朱元璋观过草龙后，将原上塘村改名富户村，村民为感谢朱帝赐村名之恩，并祝贺这一农民出身的皇帝登基，以舞草龙庆之。村民们将草龙视为当年的真龙皇帝，为示隆重，以丰富想象力，创造出一套伴驾队伍，宝扇护驾、鹤凤对舞，还有水族、神灵伴行。舞龙运行时，似乎和皇帝巡游的格式相似，将帝制龙的文化带入开化苏庄。开化草龙的神圣感油然而生，并得到当时地方官府的大力扶持，百姓参与的积极性更高了。苏庄草龙在全苏庄，乃至在钱塘江源头的开化

县境内大兴，每年中秋节都舞草龙，达到开化香火草龙的鼎盛期。

4. 改革开放——香火草龙舞的传承发展期

新中国成立后，开化中秋香火草龙舞活动一直在延续。1966年后虽有中断，但在改革开放后，开化中秋舞草龙得到推陈出新地传承和发展。1985年，开展五大集成的全县民舞活动普查时，在现有18个乡镇中，除南方桐村镇外，发现17个乡镇都有中秋香火草龙舞的传统。而苏庄镇的各村落，从1981年起就恢复草龙活动，将中秋舞草龙习俗一直传至今日。1994年中秋节，县文化部门和民间文艺工作者，邀请了沪、浙两地数十名民俗专家到开化苏庄，专门召开了"开化苏庄草龙"现场研讨会，让外界了解开化的中秋香火草龙舞。1996年11月，苏庄富户草龙代表开化香火草龙舞在衢州市金秋艺术节上首次对外亮相。2000年5月，开化苏庄香火草龙被推选到杭州参加浙江省广场文化艺术节活动，县民间文艺家对苏庄香火草龙进行推陈出新，制作了成型龙头，改手举草龙为捧举龙身。此后，对开化苏庄香火草龙的出场请龙、呼龙，场地表演等传统，进行发掘整理和编排，开化中秋香火草龙舞的活动得到更好的发展。20多年来，开化草龙多次参加省、市、县的各种金秋艺术节和灯会活动，中秋舞草龙在开化县境的钱江源头各乡村逐渐恢复。2011年5月，开化香火草龙舞已被国家批准列为国家级非物质文化遗产名录，成为钱江源头璀璨的民间艺术明珠。

5. 香火草龙的制作材料

草龙制作的所有材料是篾条和稻草。篾条作龙骨（包括龙头制有龙角、眼、嘴、鼻、耳等），外面用稻草扎成。龙身的稻草上插上香火，晚上看去，整条龙栩栩如生。龙身长15米至20米不等，根据参与人的多少而定。龙珠采用小的嫩南瓜插上香火制成。

（二）精神要素

1. "风调雨顺""五谷丰登"的美好愿望

从形态上看，苏庄草龙的"形"全部用稻作产物——稻草扎制，龙头龙尾上的饰物、銮驾图像的构图材料全部用农耕作物制作。那些"风调雨顺""五谷丰登"的吉字牌也与作物相关。苏庄草龙的全身都散发出稻作和山野作物的自然清香。再从"态"（舞龙）看，草龙必须到大田中去表演，又称踏田。"龙"体在大田上踏舞，舞得越欢，田踏得越烂，该田就变成吉利田，来年就越能增收。舞龙完毕，将草龙送入河中随溪水漂去，希望来年能游回来兴云降雨。整个舞草龙过程紧紧与稻作生产关联。

2. 敬神、崇龙的理念

人类有漫长的进化过程，一是生命上的进化，二是文化上的进化。人类在狩猎采集阶段，在部落里把龙视为图腾，当成自己的祖先，农牧业形成后，神灵观念开始产生，人们把龙奉为神，为保护作物生产和人的生存，于是在氏族部落里开始敬神、崇龙、拜龙的文化活动。这时的活动，还是以一个氏族一个部落为一体，是具有专一性和排他性的氏族文化。这种活动的文化习俗一直传习到文明社会村落文化的娱乐游艺之中。开化四乡的正月舞龙活动就有这种氏族文化的遗俗，从正月初二到正月二十二日，全县各乡村都有自己姓氏家族的龙灯日。如塘坞乡的洪田村，朱姓十六日舞龙，张姓十七日舞龙；马金镇秧畈村占姓和余姓人居多，占姓的灯日定于十三日，余姓灯日定于十五日；城关小桥头村的花园门自然村，过去只有严姓六户人家，定在正月二十为龙灯日。同样是龙舞文化的苏庄草龙，氏族意识也很强烈，千百年来都是以家族为中心开展活动。如富户草龙是汪姓家族舞之，苏庄村的草龙是姜姓家族舞之，余村的草龙是余姓家族的活动，遍及苏庄镇各村的草龙舞，历史上就是各姓氏家族内祭祖、敬神的活动。凡有家庙祠堂的村，舞草龙的隆重仪式都在祠堂内进行，呼龙（请龙）、点火等仪式都得由族长主持，外姓外人不得参与，各宗族各村草龙活动的专一性和排他性风俗一直传习了几千年。现今开化苏庄草龙已不再是单一家族内的活动，虽然传统上祭祖、敬神、崇龙风俗基本内容尚在，但它更多具有的是娱乐功能。有家庙、祠堂的村，舞龙习俗还是保留着旧时的传统，没有祠堂的村，草龙也可在村会堂或郊外起舞。开化苏庄的中秋舞龙已成为山乡中亮丽的美景，虽然氏族文化活动的痕迹还在，但是它已升华为现代乡村中具有巨大召唤力的村落文化活动。

（三）制度要素

1. 草龙独特的式样与制作规范

草龙由龙头（包括龙唇、龙角、龙须）、龙普灯、龙身、龙尾等组成，还伴有"仪仗队"，民间称"銮驾"，草龙前配有滚地绣球，草龙后是"桂花树"、"宝扇"、人物像、吉字牌、蝴蝶、飞马、虾、鳖、蚌、鱼等。夜晚草龙和"銮驾"的全部风采，是由香火光的美妙组合体现出来的。草龙制作用稻草、篾条、芋杆、龙香、小木棍等材料。龙头——用篾条制成两个圈，直径为80厘米，代表龙的上下嘴唇。圈的一边扎在一个代表龙脑的长形篾圈上，一边分开，为龙开口状，龙脑上端加上龙普灯，左右扎上龙角龙须，龙头捆在一条小木扶手上，然后将芋杆分别扎到龙头各部位，将龙香插在芋杆上，舞龙时将香点燃便呈现出龙的模样，龙眼由两捆数百支香组成。龙普灯——置放在龙头上端，用一只嫩南瓜作底，整个瓜面遍插香而成。龙身——用稻草编成，绳粗直径约10厘米，绳长短不一，一般为30米长，将龙香分左中右三个方向插好。还有另一种制法，由三根较细搓成的稻草绳组成，2米间隔置一个稻草圈，圈直径为20厘米，三根细绳按上左右固牢草圈，龙香插在细草绳上，圈下置一小扶手，便于舞龙，这样扎起来的草龙，看起来更粗壮雄伟。龙尾——中间用一根1米长的小木棍，用草绳一圈圈绕在上面形成龙尾，舞龙时龙尾会左右摆动。"銮驾"的制作：字牌、人物牌用篾编成的竹牌作底，将文字、图像的形象用芋杆扎在牌上，将龙香插上。各种动物用篾条制成模型，也插上香，点火后，由火点组成动物样。桂花树用一棵小树，在树上扎上龙香，香火不停地旋转，其景疑是天宇万颗星辰飘忽而来。滚地绣球如手推车般，外圈着地滚动，内圈插置香火，推动后，如一只红球在地面上打滚一般。

2. 起山月、满山月、落山月的三段式舞龙程式

草龙舞活动内容分三段程式进行。起山月——祭祀祖先，主持训示，祝贺丰收，是草龙舞的前奏阶段。经过数天制作好的草龙放置在村头，仪仗放在祠堂内，两边配有乐队和舞龙銮驾人员。舞龙之前，在村头水口，摆起香案"接龙"，谓之"呼龙"，意将"龙"迎来村庄。"呼龙"者口念：

"祥光朗耀，瑞火辉煌，爆竹齐鸣，迎龙接脉，龙神归位，百煞避藏；左边呼起，人丁兴旺，男臻百福，女纳千祥，老者蒙安，小者乐顺；右边呼起，五谷丰登，六畜兴旺，民安物阜，四时无灾，八节有庆；前面呼起，盗贼双消，人口平安；后面呼起，禾苗秀实，物华天宝。殄灭山猪并雀鼠，革除虎豹兼虫蝗……""呼龙"完毕，数声火铳响起，早有准备的人们一拥而上，人人手中举一块松油火把，快速点燃插在龙头、龙身及仪仗上的香火。数分钟后，火铳又响，鼓乐喧天，鞭炮齐鸣，众人一声大吼，"龙"被高擎起来，将草龙从村头迎入祠堂，在祠堂内绕柱旋舞数分钟，然后由滚地火球开路，草龙从祠堂大门而出，各种"銮驾"在后，绕庄而去，在忽急忽缓的鼓点指挥下，草龙飞舞翻腾，闪烁的香火构成的龙及所有的仙班水族，仿佛被注入了生命，全都生气勃发地活动起来，人们被香气和驱不散的烟雾包裹着，被忽前忽后的仙班水族拥簇着，有一种欲醉欲迷、欲飘欲仙的幻觉。草龙舞到每家农户门口，频频点头示意。小孩手拿红绣球迎接，户主献上红包，鸣放鞭炮接龙，盼望来年农业更大丰收，户纳瑞气，子孙发达，家业昌兴，人丁兴旺。满山月——草龙舞的高潮时刻。草龙从村庄舞入大晒场或进入一处刚收割后的大块稻田，舞龙队员放开手脚飞奔狂舞，即兴表演，在古老的乐曲和阵阵不同鼓点指挥下，草龙和各种陪衬的水族动物分别做出各种优美舞姿，套式繁多。有"蟠龙昂首""龙身入肚""懒龙洗炼""九曲弯身""头翘尾扣""龙头咬尾"等。銮驾也有"竹枝挂彩""宝扇护驾""火球圈地""桂树飘金""水族扬波""蝴蝶穿花""仙鹤贺寿""双鸟欢歌"等多种表演形式。龙头忽高忽低，龙尾忽左忽右，一忽儿是长蛇阵，一忽儿旋圈转舞。草龙依凭闪烁的香火所展示的神奇风采与魅力，使观赏者无不发出由衷的赞叹。观众人山人海，是草龙舞最为壮观的场面。落山月——舞龙的尾声。苏庄草龙，有火龙和水龙之分，其表现形式为：火龙是将草龙舞至村口的溪水边焚烧掉；水龙是将草龙舞至河沿，送入溪流，任其漂流而下，意为送龙入大海，也带去人们深深的寄托。

3. 建立"师徒传承"的传承制度

清末，由秀才徐德辉（1823年出

生）、汪琴（1834 年出生）二人主持辅导活动。民国期间，由秀才徐炳华（1890 年出生）牵头举办草龙会。1982 年，由汪金荣（1919 年出生）、江永远（1934 出生）主持恢复草龙。目前汪镜清（1929 年出生）、汪加喜（1938 年出生）任草龙协会正副会长。汪金荣，生于 1919 年 6 月，男，农民，初中文化。他 18 岁便参加草龙舞的演出活动，师从徐炳华、徐生华，习得一手制作草龙銮驾的工艺，从事龙舞演出和制作 60 余年，是当地舞龄最长的老艺人。2008 年，汪金荣被列为省级"开化草龙传承"保护人。

（四）语言和象征符号

1. 龙图腾文化

原始的图腾，从内涵上说，具有祖先、亲戚、保护神三种含义。当人们处于原始社会，对各种神兽崇拜趋于共通理想化的物种时，就产生了龙图腾文化。龙图腾并不是自然界中的现有实物，而是基于民族文化观念的文化创造。传说中的龙是"三皇"之一伏羲的化身。对伏羲的身世，《帝王世纪》中说"燧人之世，有巨人迹，出于雷泽"，"因风而生，故风姓"。

这伏羲不但姓风而且出于雷泽，有呼风唤雨的本领。可见龙的图腾文化形成与农业经济和物候特征息息相通，是龙文化发展定型过程中，在观念上、文化上、符号上的一个综合创造。"开化草龙"的形成也和龙图腾文化的创造一样。在开化的传说中曾述，一条千年修炼的白崖龙，每逢大旱之年必出龙洞到河海去兴云降雨，因未经玉帝准许，后被阻断于一座大山的龙洞内，在大旱连年、百姓苦难之际，此龙托梦于乡人，嘱人们将稻草扎成龙，在中秋这一夜，点满香火，敲锣打鼓投入河中，次年果然风调雨顺、谷物丰收。从此开化每逢中秋佳节，村村扎舞草龙，此习俗延续不断，这也是民间对龙图腾文化的再创造，"开化草龙"一直延续了这种创造。舞草龙这一天呈现在你面前的都是喜龙、崇龙、敬龙的场面。人们视草龙为至高无上的神灵，对它的起落舞动都得以礼相待，"请"龙必须拜香设供鸣礼炮，点火要叩拜，起舞更要鼓乐相随，草龙到了各家门前，家家都要用鞭炮迎送，还要叩拜添香，在长期的舞龙活动中，已形成了龙文化中那种固有的精神崇尚式的文化程式。

2. 稻作文化

稻作文化是人类与自然界搏斗而获取生存权利的过程中所产生的文化活动，特别是在我国南方的水稻生产地域。在前人对中华龙的起源的多元性，即中华文明起源的多样性的论述中，将南方稻作农业文化—中原粟作农业文化—北方游牧渔猎文化的多样性，作为中华龙起源的一个个历史支点，浙江的龙文化从龙的形态看是综合了河姆渡、良渚文化中的鹰形原龙和长江边的中南大溪、屈家岭文化中的猪形原龙与鹿形原龙的综合体，即大多是鹿头、鹿角、蛇身、兽爪。草龙的造型也是如此，但它却更显现出稻作文化的特性。首先从舞草龙的目的看，稻作生产需要充足的雨水，古人总是求助于掌管着风雨的上苍之龙的"天"，所以不论是旱是涝，都得靠天上的苍龙。中秋的舞草龙正是秋收之后，获得丰收要感谢苍龙，即使歉收，也得叩请苍龙祈求来年恩泽大地，舞草龙就是最好的表述方式。其次从草龙制作的饰物上看，浑身全部用稻作产物——稻草扎制，富户草龙的銮驾图像构图的主要材料也是用农耕的作物制作，那些"风调雨顺""五谷丰登"的吉字也与作物生产相关联。

再次从舞龙的习俗看，草龙从村中舞出后，必须到大田中去表演，又称踏田。人们都希望"龙"体在自家大田上踏舞，舞得越欢，田被踏得越烂，该田就变成吉利田，来年就越能增收。这些都被看成是龙的赐予。舞龙完毕，将草龙送入河中，随水漂去，希望来年能游回来，兴云降雨。整个舞草龙的过程都紧紧与稻作生产相关联。

3. 村落文化

既然草龙文化源于原始图腾文化，这就从本质上看出其文化根基是氏族血缘关系，整个的龙文化至今还留有氏族文化的种种痕迹。如开化马金镇上正月元宵的几支舞板龙队伍，就有林姓为主或姚姓为主的组队区别，塘坞乡坞口村中的舞龙的灯日就有张姓的正月十八日、朱姓的十九日之分，而苏庄富户村大多姓汪，舞草龙的队员则是汪姓为主。舞龙这一天的重要仪式，起龙、点火、起舞的程序都在家庙汪姓祠堂内进行（有祠堂的乡村都是此风俗）。对草龙的人文感情完全是一种村落行为，尤其是苏庄镇的富户村，因在 1362 年朱元璋进驻该村时，为朱部舞过草龙，朱元璋认为是好兆头，并称该村为"富户"，后在1368年朱元璋登基时，为庆贺朱元璋当皇帝并感恩他赐村名，又创造出"銮驾"伴龙的文化庆典活动。由此该村的草龙就有了伴驾，并逐年发展成现在的规模，保持了村中草龙的"銮驾"特色，成为草龙文化中的奇珍，村人将草龙视为自己的家宝一样珍爱它。

4. 独特的龙灯舞

其一，在汉民族里是正月元宵舞龙灯，以欢乐为主题，而草龙却舞在中秋节，以庆贺为主题。其二，元宵龙灯给人们显示的是明光亮火的色彩美，而草龙带给人们的是用星星火点编织夜空的朦胧美。一种是美的直觉和欣赏，是灯艺的展示；一种是美的想象和神奇，无灯胜有灯。棒香在民间是祭品，在草龙身上却成为艺术品。夜间用香火组成的各种空中图案是任何画师都无法勾画的，白天草龙身上密密麻麻的香火成为熠熠发光的龙鳞，缭绕的香烟成为天上的云雾，加之舞者的运动，整条草龙就像在天上遨游，处于天人合一之中，这又是它另一种独特之处。

二、核心基因提取与评价

基于对材料的全面、深入分析，得出开化香火草龙的核心基因："'风调雨顺''五谷丰登'的美好愿望""敬神、崇龙的理念""草龙独特的式样与制作规范""起山月、满山月、落山月的三段式舞龙程式"。

开化香火草龙核心文化基因评价依据

评价项目	评价因子	评价依据（特点）	是否
生命力评价	文化基因存续的时间	自出现起延续至今，未曾明显中断	√
		自出现起延续至今，但多次衰微、中断后复兴	
		曾明显衰败，改革开放后开始复活复兴或历史溯源关键环节缺失，难以考证	
		文化形态主体已灭失，现存部分痕迹	
	文化基因的稳定性	在发展过程中保持相当稳定的状态	√
		在发展过程中存在明显的精神内涵、表现形式剧变	
凝聚力评价	文化基因的凝聚力及社会动员效果	曾广泛凝聚起区域群体的力量，显著推动过社会经济文化的发展	
		曾部分凝聚起区域群体力量，对社会经济文化的发展产生过影响	√
		凝聚过力量，创造过实际的发展动能，但未见对社会经济文化发展产生显著改变	
		仅在历史文献或口耳相传中存在，未见实际介入社会经济发展	

评价项目	评价因子	评价依据（特点）	是否
影响力评价	辐射的范围	具有全国性、世界性的影响力	
		具有长三角区域、浙江省影响力	
		具有市县、乡镇影响力	√
	提炼的高度	已经被古代文人士大夫和当代学者提炼为精神符号和理念理论	√
		单纯的样式、造型、工艺技术规范	
发展力评价	与当代精神追求和价值观念的契合	传统文化基因得到创造性转化、创新性发展；区域革命文化基因被完整继承、广泛弘扬；区域社会主义先进文化基因成为与浙江"三个地"相适应的文化高地	
		部分转化、部分弘扬、部分发展	√
		难以转化、难以弘扬、难以发展	
说明：基因特点评价是对解码出来的基因，根据本《导则》表2的要求，围绕"四个力"逐一对表打"√"，进行定性表述			

（一）生命力评价

"'风调雨顺''五谷丰登'的美好愿望""敬神、崇龙的理念""草龙独特的式样与制作规范""起山月、满山月、落山月的三段式舞龙程式"作为开化香火草龙的核心基因，其基因自出现起延续至今，未曾明显中断。"开化草龙"一直延续了对龙图腾文化的再创造，形成了龙文化中那种固有的精神崇尚式的文化程式。在保存村落文化上具有较强的生命力。

（二）凝聚力评价

开化香火草龙的核心基因曾部分凝聚起区域群体力量，对社会经济文化的发展产生过影响。舞龙这几天，全村都沉醉于喜悦之中，外地的亲戚友人也纷纷涌入，形成一个村落大欢腾、精神大振奋的村落大文化现象，这种现象发展并延续，还影响到村落中的其他一切活动的运作。具有强大的凝聚力。

（三）影响力评价

每次舞草龙是村里最具有感召力、凝聚力和向心力的行动。中秋舞草龙，各家各户都会凑份子，出钱办龙舞。几次外出表演，一些在外打工的、办企业的，放弃赚钱的机会，都赶回村里参加舞龙。开化香火草龙分布在苏庄镇的富户、苏庄、唐头、山坑、余村、富楼、茶岭、茗川、方坡、大坂湾、高坑等11个村。同时，还有杨林镇、林山乡、华埠镇、村头镇、大溪边乡等14个乡镇的部分村落。最有特色的是富户、苏庄、余村3个村的草龙。开化香火草龙曾多次舞出大山，参加县、市、省民间艺术展演，多次荣获省、市各项大奖。

（四）发展力评价

开化香火草龙的核心基因已部分转化、部分弘扬、部分发展。龙是中华民族的图腾，草龙舞这种最具村落特色的活动，在中国新农村建设和发展中有现实意义，对做好新农村的文化复兴和文化自信有重要意义。具有良好的发展力。

三、核心基因保存

　　"'风调雨顺''五谷丰登'的美好愿望""敬神、崇龙的理念""草龙独特的式样与制作规范""起山月、满山月、落山月的三段式舞龙程式"作为"开化香火草龙"的核心基因，文化基因保存于历代《开化县志》、开化各乡镇的草龙舞中。

开化砚制作技艺

钱江源头　开化文化基因

开 化 砚 制 作 技 艺

　　开化县地处我国板岩砚石的分布区,同时具有各种沉积岩、变质岩的多样性，全县各地砚石蕴藏量丰富，分布广，古代多经水陆运往各地。石料在水中经历滚动、撞击、磨砺、冲刷的同时，也不断地吸取沁染水云母等矿物。石中微量金属也会进一步受到氧化和硫化，籽料卵石的色彩及致密度会逐步发生变质作用，石品也就变得细润而美观。汕滩石砚的石品多且色彩丰富，五品上等汕滩砚品发墨而不损笔锋，成砚十分大气。资源稀少，犹如中国古瓷中的浙江"秘色瓷"秘而不宣，使得古今人们难得一方，身价百倍。钱江源水孕育的开化砚石，可说取之不尽。

　　开化砚是我国五大名石砚之一。

一、要素分解

（一）物质要素

1. 独特的地质地貌

开化县地处浙皖赣三省七县交界处，是浙江母亲河钱塘江的源头，独特的地理位置体现在独特的地质地貌上。开化因处于我国板岩砚石的分布区，具有各种沉积岩、变质岩的多样性，加上地质基础古老，岩性构造极其复杂，白际山脉、怀玉山脉、千里岗山脉三大山脉及其余脉在境内互相交错，造山等地质运动起落不断，此外，还受火山、高温、高压等地理构造因素影响，生成了多种类、多品质的地方砚石及丰富的奇石，如开化玉石、开化泥彩石、开化纹理石、开化青石、开化黑石以及丰富的开化砚石等。

2. 自古文风鼎盛，人杰地灵

开化自古文风鼎盛，人杰地灵，在新石器时代的良渚文化时期，开化就有聚落社会存在，随着良渚文化的不断发展扩张，钱塘江源头的开化也紧随良渚文化的发展，各种生活、物产、文化、信息、技术、人才等交往频繁。开化至今发现的新石器时期遗址较多，石器及雕刻等出土遗存量大，和良渚文化一脉相通。在春秋时开化属越国，战国时属楚国，秦朝属会稽郡太末县，到了北宋乾德四年（966），吴越王钱弘俶分置开化场，后升为开化县，属衢州。在历史的长河中，开化历经了多次大规模外来移民，如北方战乱山东居民大规模迁居开化、防倭寇海侵福建沿海居民内迁等。部分为躲避战乱而迁徙来到开化的难民，也有喜爱开化自然山水生存环境移民这里的人。到了南宋时期，随着赵构建都临安（今浙江杭州）官廷南迁，众多的文人士宦，也随之来到南方，促进了浙江经济文化事业的繁荣发展。地处南宋都城之末的开化也社会稳定，生产力不断发展，吸引了大量的周边地区居民，进入开化的移民接受了当地的吴越习俗和吴越文化，原有的土著居住民的开化砚制作技艺也混合了一些多区域的外来人文，在各派文化因素兼容并蓄的基础之上，逐渐形成了有一定特色的开化地方砚文化，产生了独特的浙江开化砚台制作技艺。到了明清时期，制砚产量较多，开化古砚的砚刻铭文、文志、佛教道教类铭款也较多。

3. 丰富优质的砚石原料

中国砚石的最高材质为水坑及老坑石，开化的汕滩溪水可谓是藏珍蕴宝之地，成为上等砚石的主要来源地。光绪《开化县志》记载："（石）出龙潭者细嫩，可刻文字，出马金者粗而脆。"龙潭的东北面是蟠桃山（奥陶系地质），西南面是钟山（古名覆釜山），山中出青石，山上石质多夹杂着石英，山峰及厚厚的外层为山地风化砾石层，有纹理石等。清代开化诗人张廷翰的《龙潭浴日》诗云："东北钟山下，碧潭数里长。秀峰罗两岸，奇石缀中央。"开化的溪水多产大小卵石，有些形体曲折状如"云纹"。

4. 种类繁多的制砚工具

石材锯分大（长70厘米）小（长30厘米）。石料凿分大（长22厘米）小（长15厘米）长宽。雕刻铲分平铲、尖铲、圆铲。雕刻刀分大小，有平口刀、斜口刀、圆口刀。磨具分粗细，有平面形、圆形、三角形、手把形。夹具分大（长80厘米）小（长40厘米）。防护具分凿石防护目镜、凿石开料手套、雕刻护砚毛毡。

5. 品类繁多的开化砚

唐宋时期随着水墨字画的普及，开化石砚渐为文人墨客所爱，声名远播。在宋人杜绾《云林石谱》、明代林有麟《素园石谱》、宋代唐积《歙州砚谱》、明代文震亨《长物志》、清末赵汝珍《古玩指南》及《四库全书》、《歙砚说》、《浙江通史》等文献中多有记载。《古玩指南》书中记载：石砚按照产地，又分为端砚、歙砚、乌金砚、灵岩石砚、开化石砚……开化石砚排名前五位。《长物志》《古玩指南》等史料将开化石砚列为中国石砚前五位，是有一定科学性、严谨性的。开化砚记载传统名品有开化黑石砚、金星砚、玉带砚、浙石砚、玳瑁石砚、山水条纹石砚、青石砚、花石砚、伊利石砚等。

（二）精神要素

1. 质朴求精的品格

开化砚，作为中国传统文房四宝之一的砚台的代表，其制作过程体现了匠人们质朴求精的品格。这种品格不仅体现在他们精湛的技艺上，还表现在他们对砚台文化的深刻理解和对每一件作品的尊重上。开化砚匠人在制作砚台时，通常遵循古老的传统工艺，这些工艺流传了数百年，依旧保持着原始的纯粹和简约。他们用简单的工具，依靠手工精心雕刻、磨制，使每一块砚台都是一件艺术品。这种质朴不是指简单，而是指返璞归真，保持对材料和工艺的最初敬畏。对完美的追求是开化砚制作中的核心理念。匠人们在选择石料时非常谨慎，只有质地最佳、纹理最美的石块才能被用来制作砚台。在制作过程中，匠人们会反复打磨，直到砚面平滑、水波纹理自然，这种对完美的追求体现了他们对工艺精益求精的执着。

2. 精工善艺的品质

开化砚是中国传统手工艺中的瑰宝，它体现了匠人们精工善艺的品质。这种品质不仅表现在他们对砚台制作技艺的精湛掌握上，还反映在他们对作品精益求精的工作态度和对艺术的无限热爱上。"精工"指的是工艺的精细和复杂。开化砚的制作工艺复杂，需要多道工序，每一道工序都需要极高的精确度和细致的操作。从粗磨到精磨，从雕刻到抛光，每一步都要求工匠们以近乎苛刻的标准来要求自己。他们用心选料，确保砚石的质地均匀、颜色自然，且无瑕疵。"善艺"体现了匠人对其工艺的熟练掌握和不断的创新能力。开化砚匠人不仅传承了数百年来的传统制砚技艺，还不断地在工艺上进行创新，使得每一件作品都独具匠心，满足了现代审美和实用的双重需求。

（三）制度要素

1. 采取砚料、设计构思、雕刻、打磨、配置五个工艺规范和制作流程

开化砚雕技艺有五个步骤：

（1）采取砚料。开化砚料品类多，分布广，砚料品位也存在好差之分，采料须具备一定的基础认识。开化砚石品不同，云母、电气石、石英、黄铜矿等物质的含量、结构也不同，存有瑕疵、裂纹的边不可取。

（2）设计构思。传统与创新兼顾，以制作传统的古代开化砚式为主。根据不同砚料，设计出富有深远意义的主题是关键，有时为了获得最佳创意，需经几个月的反复构思。

（3）雕刻。根据设计好的图案，利用石材的自然纹理、俏色等，进行切、冲、蹭等若干方法手工雕刻。因开化砚石的硬度达到4度左右，只可使用特制手工雕刻刀具。

（4）打磨。打磨过程磨料选材做到由粗到细，使用传统自制磨料、较硬的天然磨料等。依据不同形状角度，使用方形、角形、圆形和木把形磨料。

（5）配置。对砚台进行养护和保护，配砚台盒、砚台托、天地盖。

2. 淌池深刻实用为主的规范

砚池多以淌池深刻实用为主，外形多为近黄金分割比例的长方体、圆形，作品多使用浅浮雕、阴线刻、双阴出阳线技法。如一方元代开化砚，砚池及背池呈圆弧形，背池对应砚堂的刻入深而对应砚池的刻入浅，砚的长宽小于0.618黄金比例0.03，整体清风显瘦，砚缘线内坚挺，外沿向下略外斜，凸出了古朴的线条美和元朝的时代气息。一方明代开化砚以云月为主题，背池以山川太阳呼应砚面，简洁且寓意巧妙。

3. 师徒相授的传承形式

向民间制砚人拜师学艺，传承传统制砚技艺，另外通过创建传统制砚作坊，为该技艺开展传承教学，培养了一批学生参与到传承民族文化活动中。通过一系列的创新教学手段，丰富了制砚的内涵。其传承谱系为：清代，陈临安；清末，陈雨时（字砚农）；民国，陈福万（铁砚斋主）、陈石开（号石翁）；近代，陈石开（号石翁）；当代，陈友红、张晓宁（张出生于1963年）。

（四）语言和象征符号

1.平淡、雅逸、高古大气的艺术审美

开化砚，风格独特，砚堂饱满，追求平淡、雅逸的风格，表现高古大气，有着独特的艺术气息，构图疏朗，画面耐人寻味，砚池多以淌池深刻实用为主，外形多为近黄金分割比例的长方体，作品多使用浅浮雕、阴线刻、双阴出阳线的技法。

2.充满文人气息的题材图案

开化砚作为中国传统的文人用具，上面的题材和图案往往充满了浓厚的文人气息，反映了中国古代文化和审美。这些图案不仅仅是装饰，它们还承载着丰富的象征意义和文化寓意。山水、竹林、梅花等自然元素是砚台常见的题材，象征着文人对自然之美的向往和高洁的品格。龙、凤、鱼和莲花等图案，它们分别代表着权力、尊贵、富裕和纯洁。诗句、成语或文学故事中的场景也经常被用作砚台的装饰，反映了制作者和使用者的文学修养。古代圣贤、文人墨客的形象有时也会出现在砚台上，作为文化教育和自我激励的象征。有时砚台上会雕刻精美的书法字样，展现出文人对书法艺术的热爱。

二、核心基因提取与评价

基于对材料的全面、深入分析，得出开化砚制作技艺的核心基因："质朴求精的品格""精工善艺的品质""采取砚料、设计构思、雕刻、打磨、配置五个工艺规范和制作流程""淌池深刻实用为主的规范""平淡、雅逸、高古大气的艺术审美""充满文人气息的题材图案"。

开化砚制作技艺核心文化基因评价依据

评价项目	评价因子	评价依据（特点）	是否
生命力评价	文化基因存续的时间	自出现起延续至今，未曾明显中断	√
		自出现起延续至今，但多次衰微、中断后复兴	
		曾明显衰败，改革开放后开始复活复兴或历史溯源关键环节缺失，难以考证	
		文化形态主体已灭失，现存部分痕迹	
	文化基因的稳定性	在发展过程中保持相当稳定的状态	√
		在发展过程中存在明显的精神内涵、表现形式剧变	
凝聚力评价	文化基因的凝聚力及社会动员效果	曾广泛凝聚起区域群体的力量，显著推动过社会经济文化的发展	
		曾部分凝聚起区域群体力量，对社会经济文化的发展产生过影响	√
		凝聚过力量，创造过实际的发展动能，但未见对社会经济文化发展产生显著改变	
		仅在历史文献或口耳相传中存在，未见实际介入社会经济发展	

续表

评价项目	评价因子	评价依据（特点）	是否
影响力评价	辐射的范围	具有全国性、世界性的影响力	
		具有长三角区域、浙江省影响力	√
		具有市县、乡镇影响力	
	提炼的高度	已经被古代文人士大夫和当代学者提炼为精神符号和理念理论	
		单纯的样式、造型、工艺技术规范	√
发展力评价	与当代精神追求和价值观念的契合	传统文化基因得到创造性转化、创新性发展；区域革命文化基因被完整继承、广泛弘扬；区域社会主义先进文化基因成为与浙江"三个地"相适应的文化高地	√
		部分转化、部分弘扬、部分发展	
		难以转化、难以弘扬、难以发展	
说明：基因特点评价是对解码出来的基因，根据本《导则》表2的要求，围绕"四个力"逐一对表打"√"，进行定性表述			

（一）生命力评价

"质朴求精的品格""精工善艺的品质""采取砚料、设计构思、雕刻、打磨、配置五个工艺规范和制作流程""淌池深刻实用为主的规范""平淡、雅逸、高古大气的艺术审美""充满文人气息的题材图案"作为开化砚制作技艺的核心基因，自出现起延续至今，未曾明显中断，已有上千年的历史。开化砚的雕刻技艺以其独有的特色，融合于中国艺术，流传于世，古砚中刻的文字、图案，已成为古今文人宣传开化文化的一种载体。

（二）凝聚力评价

开化砚制作技艺的核心基因曾部分凝聚起区域群体力量，对社会经济文化的发展产生过影响。作为中国五大名砚之一的开化砚，自古以来就受到许多文人墨客的钟爱，声名远播。方豪铭有诗曰："石几谁削平，宜诗亦宜酒。笔砚与杯盘，客来不须手。""层云何处来，忽堕吾池上。池风草可生，醉眼看摇漾。""琅玕出海底，应有海神泣。主人竹里横，上下烟光湿。""水绿青玉案，河伯献君家。白石摊书卷，香风点落花。"自古开化就有民谣："人穷献力，山穷献石。"多种类的砚石石品，也给先民们带来了劳动财富和艺术创作成果。凝聚力强大。

（三）影响力评价

开化砚是古代名砚之一，古代的历史记载中，在不同的历史时期，不同地域的历史人物，大量地提及了开化石砚，它已是成为我国砚文化体系不可或缺的一分子。颇具影响力。

（四）发展力评价

开化砚是浙江砚的一朵奇葩，有着较高的欣赏和实用价值，不仅是古开化人民聪明才智的遗存，更成为当今的一种旅游资源，对弘扬传统优秀文化、打造地方文化品牌、推进开化经济和各项事业的发展有着历史和现实意义。具备很好的创造性转化、创新性发展前景。

三、核心基因保存

"质朴求精的品格""精工善艺的品质""采取砚料、设计构思、雕刻、打磨、配置五个工艺规范和制作流程""淌池深刻实用为主的规范""平淡、雅逸、高古大气的艺术审美""充满文人气息的题材图案"作为"开化砚制作技艺"的核心基因，文字资料保存于明代林有麟《素园石谱》、清末赵汝珍《古玩指南》、《浙江通史》、历代《开化县志》等文献中。

开化龙坦窑

钱江源头　开化文化基因

开 化 龙 坦 窑

　　谈及举世闻名的青花瓷，世人只知景德镇窑，殊不知与景德镇毗邻的开化亦有烧造青花瓷的历史。丽水龙泉以青釉名扬四海，然开化华埠镇下界首村出土的青釉瓷片比之龙泉也毫不逊色，还有开化马金镇徐塘村一带的制陶技艺一直流传至今，由此足见开化古时的陶瓷烧制水平不容小觑。

　　开化青瓷尤以开化县西部的苏庄镇龙坦村龙坦窑最具代表性，龙坦窑始烧于元末，明代达到鼎盛，清代逐渐走向衰落，然开化马金镇徐塘村一带至今依然有制陶技艺流传。

一、要素分解

（一）物质要素

1.地处山区，盛产高岭土

开化苏庄龙坦村龙坦河对面的山坡有着丰富的高岭土矿，高岭土为制作瓷器的首要原材料。马金镇徐塘村一代的陶泥则更为丰富。这也为制陶技艺延续至今打下了殷实的基础。

2.森林资源丰富，木材和炭燃料充足

开化县地形以丘陵为主，素有"九山半水半分田"之称。属中亚热带常绿阔叶林带北部地带、浙皖山丘青冈苦槠林植被区，具有南北交汇过渡带的特色森林。植被类型繁多，可分常绿阔叶林、常绿落叶阔叶混交林、针阔混交林、针叶林、灌丛、人工植被、用材林、竹林、经济林等，植被种类也很多，可供开发利用的优良乡土造林树种有100余种。可用于烧制瓷器的燃料极其丰富。

3.齐备的制瓷设备和工具

每件精美的瓷器都需要借助各种制瓷工具和设备来完成，如拉坯机、筛子、修坯刀、毛笔、刻刀、窑炉等。

4.丰富的瓷器种类

釉色类，为青花瓷、白釉瓷、青釉瓷、紫金釉瓷等。器皿类，青花瓷产品有碗、盘、盏、器盖、高足杯、执壶、砚、炉、

瓶、笔架、罐、钵等，白釉瓷产品有碗、盘、擂钵、研磨棒、高足杯、盒、瓶、砚、炉、钵、器盖等，青釉瓷产品有碗、盘、钵、擂钵、炉等，紫金釉瓷有碗、盘、盏、器盖等。纹样类型有蝴蝶纹、折枝花卉纹、缠枝莲花纹、鱼藻纹、牡丹纹、蕉叶纹、狮子纹、西番莲纹等。窑具有匣钵、垫饼、轴顶碗、火照、荡箍等。从装烧工艺来看，所有产品均采用涩圈叠烧、匣钵装烧的工艺。

5. 窑址遗迹

考古遗迹有龙窑窑址、储泥坑、淘洗池、匣钵挡墙等。龙坦窑位于浙江西部开化县管辖内的龙坦村，明代青花窑口。2017年12月，开化明代龙坦青花窑址被列入2017年浙江八大考古发现之一。2018年，龙坦窑入围"全国十大考古新发现"初评。

（二）精神要素

执着追求、突破创新、精益求精的工匠精神

开化民风淳朴，明清以来开化龙坦窑主要生产以实用为主的器物，根植于百姓的生活之中。为满足不同阶层的需求，迫使制瓷艺人们去追求一种能被大众接受，同时满足较高审美需求阶层要求的器形和釉色图案，需要有不断的突破和创新，在器物创新上推陈出新、精益求精。拥有一门好手艺是每个手艺人生存的根本，手艺人在长期的自我学习发展中，造就了勤苦踏实、执着追求、突破创新、精益求精、自我完善和追求完美的工匠精神。

（三）制度要素

1. 选矿、淘洗、陈腐等七道完整的工艺规范和制作流程

其主要步骤为：

（1）选矿：选用优质高岭土、长石、石英、黏土等进行研磨。

（2）淘洗：研磨后将矿粉调成浆状，用200目左右的筛子过筛以及用磁铁将矿内自带多余的铁矿吸掉，因为铁在还原的烧成气氛中为黑色，就是我们常见的釉面黑点。

（3）陈腐：将淘洗完成的泥浆沉淀在泥池内，密封陈腐，陈腐的目的就是增加泥巴的可塑性。

（4）练泥：陈腐完的泥巴通过练泥来协调软硬。

（5）拉坯、修坯、绘画、刻花：这些工艺都对美术功底有较高的要求。

以拉坯为例，没有好的审美就拉不出造型优美的坯体，同样没有对美的把握也画不出精美绝伦的青花瓷。

（6）施釉：古代釉料多以草木灰釉为主，以草木灰结合釉矿一起研磨过筛成釉浆，再以淋、吹、填等工艺将釉施于坯体表面。

（7）烧制：烧成部分是陶瓷制作过程中最重要的一个环节。古代选用上好的松木作为燃料，烧成时间一般为120小时，烧成温度在1330℃左右，因为烧制时间过长，不光费木料而且也不容易掌握窑内的气氛，从而导致陶瓷烧制的成品率过低。现今则改用煤气，大大缩短了烧制时间，现在的烧制时间仅为13小时，不光节约能源，也容易掌握窑内的气氛，从而提高陶瓷的成品率。

2.兼顾实用与欣赏功能

开化龙坦窑的陶瓷制品，以其实用性和艺术性并重而著称，是中国陶瓷文化的一个重要组成部分。龙坦窑的制品充分体现了中国传统陶瓷艺术的精髓，融合了实用与审美的功能，在国内外享有盛誉。龙坦窑的陶瓷制品在日常生活中有广泛的使用。无论是餐具、茶具还是瓷瓶、盆盘等，都

以其耐用性和功能性满足了人们的日常需求。传统的制作工艺确保了陶瓷品的密度和硬度，经久耐用。除了实用性，龙坦窑的陶瓷制品也是艺术欣赏的对象。其彩绘、雕塑和造型，反映了深厚的文化底蕴和精湛的工艺水平。这些陶瓷品常常被用作装饰品，美化环境，同时也是收藏家们追捧的对象。龙坦窑的匠人们在继承古老陶瓷制作技艺的同时，也积极吸收现代设计元素，推出了既符合现代生活审美又具有传统文化内涵的陶瓷制品。这些制品不仅仅是使用工具，更是现代与传统、实用与艺术相结合的产物。开化龙坦窑的陶瓷工艺，体现了匠人们在传统文化的基础上，融入现代审美理念的努力。他们在保留传统造型的基础上，不断探索和创新，使得每件制品既有传统韵味，又不失现代风格。

3.师徒相授的传承形式

早期都是以师徒相授的形式传承，师傅手把手教徒弟，传授制瓷经验。后有非遗传承。至今能考证到的传承人谱系为：

第一代：徐永标（出生于1886年8月，马金镇高岭村人）；

第二代：郑金庭（出生于1912

年8月，马金镇霞山村人，徐永标的女婿）；

第三代：程家和（出生于1941年5月，马金镇徐塘村人，郑金庭的徒弟）；

第四代：程良军（出生于1970年4月，马金镇龙村人，程家和的侄子）；

第五代：汪家良（出生于1984年9月，马金镇霞田村人，程良军的表弟）。

（四）语言和象征符号

开化青瓷

开化青瓷，一般为亮青釉，即白中微泛青。酱釉鲜艳光亮，呈色极好。各种釉与胎体都结合紧密，没有剥落现象。胎一般呈白色，明火处呈火红色和米黄色。胎体坚硬，细致，烧结程度好，一般没有气孔和裂痕。反映出工匠们在选料、淘洗、捏炼、烧制等过程中的精细与严格。釉，一般食用器施全釉，如碗、盘、杯、盏等，仅足跟不施釉，器内底刮釉一周成涩圈；三足炉等类器物，外壁施釉到足，内施半釉。各种釉釉层都比较厚，特别是粉青釉，釉质细腻莹润，光泽度好。

二、核心基因提取与评价

基于对材料的全面、深入分析，得出开化龙坦窑的核心基因："执着追求、突破创新、精益求精的工匠精神""选矿、淘洗、陈腐等七道完整的工艺规范和制作流程""兼顾实用与欣赏功能"。

开化龙坦窑核心文化基因评价依据

评价项目	评价因子	评价依据（特点）	是否
生命力评价	文化基因存续的时间	自出现起延续至今，未曾明显中断	√
		自出现起延续至今，但多次衰微、中断后复兴	
		曾明显衰败，改革开放后开始复兴或历史溯源关键环节缺失，难以考证	
		文化形态主体已灭失，现存部分痕迹	
	文化基因的稳定性	在发展过程中保持相当稳定的状态	√
		在发展过程中存在明显的精神内涵、表现形式剧变	
凝聚力评价	文化基因的凝聚力及社会动员效果	曾广泛凝聚起区域群体的力量，显著推动过社会经济文化的发展	√
		曾部分凝聚起区域群体力量，对社会经济文化的发展产生过影响	
		凝聚过力量，创造过实际的发展动能，但未见对社会经济文化发展产生显著改变	
		仅在历史文献或口耳相传中存在，未见实际介入社会经济发展	

评价项目	评价因子	评价依据（特点）	是否
影响力评价	辐射的范围	具有全国性、世界性的影响力	
		具有长三角区域、浙江省影响力	√
		具有市县、乡镇影响力	
	提炼的高度	已经被古代文人士大夫和当代学者提炼为精神符号和理念理论	√
		单纯的样式、造型、工艺技术规范	
发展力评价	与当代精神追求和价值观念的契合	传统文化基因得到创造性转化、创新性发展；区域革命文化基因被完整继承、广泛弘扬；区域社会主义先进文化基因成为与浙江"三个地"相适应的文化高地	
		部分转化、部分弘扬、部分发展	√
		难以转化、难以弘扬、难以发展	
说明：基因特点评价是对解码出来的基因，根据本《导则》表2的要求，围绕"四个力"逐一对表打"√"，进行定性表述			

（一）生命力评价

"执着追求、突破创新、精益求精的工匠精神""选矿、淘洗、陈腐等七道完整的工艺规范和制作流程""兼顾实用与欣赏功能"作为开化龙坦窑的核心基因，自出现起延续至今，未曾明显中断，文化基因形态保持稳定。早在4300年之前，便记载了工匠精神的萌芽。相传舜早年在河滨制陶时，追求精工细作，并以此带动周围人们制作陶器也杜绝粗制滥造的事迹；《周礼·考工记》记载："知者创物，巧者述之，守之世，谓之工。百工之事，皆圣人之作也。"这里将"创物"的"百工"称为"圣人"，充分体现了早期的器具设计需要非凡的智慧。

（二）凝聚力评价

开化龙坦窑的核心基因，曾广泛凝聚起区域群体的力量，推动社会经济文化的发展。我国古代历代政府机构不一定设有农部，但一定会设有工部，这些都反映我国古代对工匠的专业性、重要性和创造性的认知与重视。匠人们专注、敬业、虔诚的态度不断诠释着对完美作品的孜孜追求。凝聚力强大而稳定。

（三）影响力评价

开化龙坦窑的核心基因，具有长三角区域、浙江省的影响力。工匠精神在这个时代的倡导与推崇，不是一股简单或瞬息间的潮流。相反，它体现了一种真实的时代召唤或者社会需求，精准地表达了这个时代发展的渴望以及未来发展的方向。随着我国经济发展进入新常态，工匠精神作为一种职业文化与素养，作为一种新风貌与新气象，契合改革发展的客观需求与价值取向。影响力巨大。

（四）发展力评价

开化龙坦窑的核心基因，与当代精神追求和价值观念相契合，能够较好地转化、弘扬、发展。在当前国内经济发展进入新常态，经济结构转型升级的关键时期，要推动中国制造业从"中低端"向"中高端"迈进，推动中国从"制造大国"走向"制造强国"过渡，推动供给侧结构改革，优化消费结构，离不开工匠精神。发展力强大。

三、核心基因保存

　　"执着追求、突破创新、精益求精的工匠精神""选矿、淘洗、陈腐等七道完整的工艺规范和制作流程""兼顾实用与欣赏功能"作为"开化龙坦窑"的核心基因，文字资料保存于历代《开化县志》、《开化龙坦窑研究》等文献中，实物材料保存于开化县博物馆。

霞山高跷竹马

钱江源头　开化文化基因

霞山高跷竹马

　　霞山高跷竹马，是由"高跷""竹马"两种形式结合而成的民间舞蹈。流传于浙西开化县霞山村一带，始于明朝成化年间。淳安高家桥人吏部尚书、谨身殿大学士、荣禄大夫兼太子少保商辂和霞山首富郑旦公义结金兰，陪同观灯时，面对人如潮涌的观灯者，商辂感慨万千，当即建议，模拟唐盛世的八大开国元勋（秦叔宝、程咬金、薛仁贵、罗成等），文武功臣乘八匹竹马游行，以示天下太平，高跷竹马由此诞生。

　　所谓高跷竹马，是在脚上绑上1米多高的木制踩脚，身上套着五色竹马，身穿戏曲行头、头戴戏曲帽子，扮演成唐代八大开国元勋的形象，乘骑竹马进行表演，通常于元宵、春分、冬至等节日表演，以示国泰民安。

一、要素分解

（一）物质要素

1. 独特的地理位置

马金镇霞山村位于浙皖赣三省交界处，西北与风光旖旎的黄山接壤，东北与碧波荡漾的千岛湖相邻，西南接道教圣地三清山，著名的"钱江源头"马金溪穿村而过，205国道贯穿全镇，在这区域优势独特、历史悠久、文化底蕴深厚的浙西山区中流传着一种古朴优美的民间舞蹈。

2. 悠久的传统由来

相传，霞山远祖郑元寿于唐武德四年（621）迁居开化，不久即出使戎狄，演绎了一段苏武牧羊的故事。唐太宗为表彰其功，特授太原河北安抚使，秉节钺并赐书："知公口伐，可汗如约，遂使边火息燧，朕何惜金石赐于公哉。"为纪念郑元寿以及秦叔宝、程咬金、尉迟恭、薛仁贵、罗成等八位唐代开国元勋，霞山郑氏后裔将流行于安徽一带的高跷和流行于浙西的竹马结合，并配上戏曲文官武将的行头，于元宵、春分、冬至等节日走街串巷，翩翩起舞。

3. 热爱生活的能工巧匠

霞山当地有不少善于手工艺制作的能工巧匠，他们熟知传统戏曲文化，精通竹马和戏曲服装行头的设计与制作。

4.种类繁多的制作工具

常用工具有锯、凿、刨、镂钻、剪刀等。

(二)精神要素

1.希望国泰民安的美好愿望

霞山高跷竹马是当地民众对传统民间文化的热爱和对未来美好生活的向往,同时增强爱祖国、爱家乡的高尚情怀。每年通过跳高跷竹马来表达国泰民安的美好愿望。

2."马"的精神寄托

"马"在中国传统文化中占有重要的地位。马不仅是农业牲口,还是战备物资,在古代农业与战争中都发挥着重要的作用。因此,马在传统文化中占有一席之地,甚至参与到了"龙"的建构中。《周易·乾卦》以"龙"取象,《周易·坤卦》以"马"取象,并有"利牝马之贞"的记载。"龙马精神"也是中华民族生生不息精神的形象写照。民间也有"牛马年,好种田"的传说。因此,民间艺术往往借助"马"来表达对未来美好生活的向往。竹马属于民间社火中的模拟禽兽类,它以模拟化的手法,通过夸张的表现形态,来表达人们对未来幸福生活的憧憬。

很多民间传说往往融合了儒家的龙马精神以及朴素的佛教信仰,将"马"视为"神"的使者,将"神"的使者视为民间幸福的传递者。

(三)制度要素

1."技"和"艺"并重的艺术

霞山高跷竹马是一种具有悠久历史的民间艺术形式,它将技巧性和艺术性融为一体,不仅需要演员具备高超的技艺,也要求其有良好的艺术修养。高跷竹马的表演者需要在高跷上完成各种动作,如行走、跳跃、转圈等,这些都要求演员具有极高的身体协调性和平衡感。此外,高跷竹马的表演往往包含杂技元素,如倒立、翻滚等,这些都需要长时间的专业训练和严格的身体控制能力。高跷竹马不仅是一项技巧表演,还是一种艺术展示。表演者通过身着色彩鲜艳的服装,配以传统音乐和舞蹈动作,传达出浓厚的文化气息和地方特色。他们的表演通常讲述一个故事或表现一种情感,需要演员具有一定的表演艺术素养。

2.完整的工艺规范和流程

学习高跷竹马表演艺术,需要从基本功开始。首先学习高跷基本行走练习，能熟练掌握高跷绑绳方法和技巧，确保牢固安全，能独立直行和转弯，掌握脚下平衡和力度。直立放手行走，在护栏下自行行走并学习转弯，学会立地踏步调整人体重心。

3. 套马练习

掌握套马技术，并能在套马后，平稳行走。在熟练的基础上做一些复杂动作练习。

4. 高跷竹马表演性练习

在掌握高跷竹马基础动作后再练习一些具有表演性的动作，如高跷劈叉、翻筋斗、交叉舞步、八字阵、鲤鱼翻花等难度较大的动作。

5. 有序的传承形式

历代艺人师徒相传，现在是设立传承基地。马金镇霞山高跷竹马是民间艺术瑰宝，被浙江省列入了第三批非物质文化遗产名录。为了使这一传统文化遗产得以更好保护和传承，当地在开化县马金中学设立高跷竹马传承教学基地，将中学生文化课程的教学和传统文化教育有机地结合起来，让传统民间艺术在年轻一代心中深深扎根，让绚丽多彩的民间艺术代代相传，永世长存并发扬光大。

6. 成立高跷竹马教学基地

在马金中学成立了高跷竹马教学基地，高跷竹马教学基地专门成立了以校长为组长的领导班子，并配备美术、音乐专职教师为辅教，聘请高跷竹马的传人郑利岳为主教。设置高跷竹马教学课程表，列入正常的教学计划，有指定校本教材，这样就有了一支相对稳定的专业师资队伍，并形成较强的特色和地方优势。通过半年多的实施，已取得较为明显的教学成果。

（四）语言和象征符号

1. 高跷和竹马完美结合的表演艺术

霞山高跷竹马融合了两种传统民间艺术——高跷和竹马。高跷艺术是演员穿戴特制的长跷，进行各种杂技表演；而竹马则模仿骑马的动作，通常是由演员的腿绑上竹制的装置来表现。这两种艺术在霞山高跷竹马中的结合，既考验演员的技巧，也展现了极高的艺术性和观赏价值。霞山高跷竹马的表演通常充满活力和节奏感，演员们需要具备极好的平衡能力和协调性。他们在高空中行走、跳跃，甚至翻腾，同时还要控制竹马进行各种复杂的动作。这种表演既有视觉上的冲击力，也具有很强的娱乐性和互动性。

2.教化育人功能的题材造型

霞山高跷竹马中传统文化题材的人物造型有很多，常见的有秦叔宝、程咬金、尉迟恭、薛仁贵、罗成等历史名人，还有十二生肖等。

二、核心基因提取与评价

基于对材料的全面、深入分析，得出霞山高跷竹马的核心基因："希望国泰民安的美好愿望""'马'的精神寄托""'技'和'艺'并重的艺术""完整的工艺规范和流程""高跷和竹马完美结合的表演艺术""教化育人功能的题材造型"。

霞山高跷竹马核心文化基因评价依据

评价项目	评价因子	评价依据（特点）	是否
生命力评价	文化基因存续的时间	自出现起延续至今，未曾明显中断	√
		自出现起延续至今，但多次衰微、中断后复兴	
		曾明显衰败，改革开放后开始复活复兴或历史溯源关键环节缺失，难以考证	
		文化形态主体已灭失，现存部分痕迹	
	文化基因的稳定性	在发展过程中保持相当稳定的状态	√
		在发展过程中存在明显的精神内涵、表现形式剧变	
凝聚力评价	文化基因的凝聚力及社会动员效果	曾广泛凝聚起区域群体的力量，显著推动过社会经济文化的发展	
		曾部分凝聚起区域群体力量，对社会经济文化的发展产生过影响	√
		凝聚过力量，创造过实际的发展动能，但未见对社会经济文化发展产生显著改变	
		仅在历史文献或口耳相传中存在，未见实际介入社会经济发展	

续表

评价项目	评价因子	评价依据（特点）	是否
影响力评价	辐射的范围	具有全国性、世界性的影响力	
		具有长三角区域、浙江省影响力	
		具有市县、乡镇影响力	√
	提炼的高度	已经被古代文人士大夫和当代学者提炼为精神符号和理念理论	
		单纯的样式、造型、工艺技术规范	√
发展力评价	与当代精神追求和价值观念的契合	传统文化基因得到创造性转化、创新性发展；区域革命文化基因被完整继承、广泛弘扬；区域社会主义先进文化基因成为与浙江"三个地"相适应的文化高地	√
		部分转化、部分弘扬、部分发展	
		难以转化、难以弘扬、难以发展	
说明：基因特点评价是对解码出来的基因，根据本《导则》表2的要求，围绕"四个力"逐一对表打"√"，进行定性表述			

（一）生命力评价

"希望国泰民安的美好愿望""'马'的精神寄托""'技'和'艺'并重的艺术""完整的工艺规范和流程""高跷和竹马完美结合的表演艺术""教化育人功能的题材造型"作为霞山高跷竹马的核心基因，自出现起延续至今，未曾明显中断。然而，随着老一辈艺人的相继谢世、舞蹈道具的逐年陈旧，高跷竹马舞已经到了亟待抢救的地步。

（二）凝聚力评价

霞山高跷竹马的核心基因，曾部分凝聚起区域群体力量，对社会经济文化的发展产生过影响，高跷竹马舞丰富了农村、城镇文化生活，促进霞山古村落文化旅游事业的发展。

（三）影响力评价

霞山高跷竹马的核心基因，在衢州地区各县具有不小的影响力。自从1982年成立了霞山乡文化站以来，就对民间艺术进行了普查。霞山历代传统"灯日"为正月二十二日迎板灯、高跷竹马等活动，文化站边收集资料，边多次召开民间艺人座谈，恢复高跷竹马，并多次参加县元宵节活动。后来县文化局对霞山高跷竹马舞极为关注，指派专门人员对霞山高跷竹马舞进行收集整理，组织专业人员对其进行艺术加工，并多次参加了市、县民间艺术活动，受到省、市电视台多次报道，霞山高跷竹马舞作为一种独特的民间舞蹈，有较高的历史和艺术价值。

（四）发展力评价

霞山高跷竹马的核心基因，在开化打造特色文化新农村的背景之下，具备很好的创造性转化、创新性发展前景。

三、核心基因保存

　　"希望国泰民安的美好愿望""'马'的精神寄托""'技'和'艺'并重的艺术""完整的工艺规范和流程""高跷和竹马完美结合的表演艺术""教化育人功能的题材造型"作为"霞山高跷竹马"的核心基因，文字资料保存于历代《开化县志》中，实物材料保存于开化县马金镇霞山村。

北源状元文化

钱江源头 · 开化文化基因

北源状元文化

　　浙江省开化县长虹乡北源村地处长虹乡中部，风景秀丽，民风淳朴。这里孕育了北宋时期浙江历史上第一位年轻的状元程宿，因创造了祖孙四代连中进士的奇迹而闻名于世，被誉为"状元故里"，是国家 AAAA 级旅游景区"七彩长虹"的重要景点。

一、要素分解

（一）物质要素

1. 开化自古文风鼎盛，人杰地灵

北宋乾德四年（966），吴越王钱弘俶分置开化场，后升为开化县，属衢州。在历史的长河中，开化历经了多次大规模外来移民，如北方战乱山东居民大规模迁居开化、防倭寇海侵福建沿海居民内迁等。部分为躲避战乱而迁徙来到开化的难民，也有喜爱开化自然山水生存环境移民这里的人。程式家族就是属于这类。

2. 程氏迁居开化

《开化县志》记载，开化的程姓有两支，原籍都是安徽歙县。一支于唐大中年间定居龙山霞关（今开化县杨林镇下江），后散居蕉川、东坑口等地。另一支于唐中和三年（883）从歙县迁至常山县北竹（今开化县长虹乡北源村）落户。程宿属于后一支。据传说，程宿先辈程青为避战乱，往南寻求安居乐业之所，翻过了一座又一座的大山，蹚过了一条又一条河流，历尽了长途跋涉的艰辛，进入了浙江衢州大地。有一天，程青带着家人沿着河道狭窄、两岸高山陡峭、水流湍急的池淮溪，走过了曲曲折折的山路，来到了一个豁然开朗的河谷平地，此地背靠幽幽青山，面对淙淙绿水，身临竹林鸟语花香，仿佛到了世外桃

源。程青精神一振，倦意顿消，不禁脱口而出："好一个风水宝地。百年之后，我们程家必将发迹，必将有人出人头地！"遂定居于此，此地就是今天的北源村。程氏祖祖辈辈凭借原来耕读世家的底子，一边勤于劳作，一边教育子孙，经过一代又一代的努力，终于应验了先祖程青百年前的预言。百年之后，先是程宿于北宋端拱元年（988）高中状元，其子程迪于庆历二年（1042）高中榜眼，其孙程天民于熙宁六年（1073）中进士，其曾孙程俱于政和二年（1112）中进士赐上舍出身，创造了祖孙四代连中进士的奇迹，这在我国历史上也极为罕见。程迪，字元吉，又字忠彦，仕至尚书都官郎中。程俱，累官至朝议大夫，赐封新安开国伯；善诗文，著作颇多，最具文名，《北山小集》《北山律式》《麟台故事》均收入《四库全书》，人称北山先生。

3. 宋太宗重视科举和人才

宋太宗为了扩大统治基础，特别重视科举考试，从科场中搜罗人才。每次进士考试后他都御殿复试，连日阅卷，不辞劳苦。时值吴越纳土归宋不久，得悉本届新科进士中有好几位两浙贡生，太宗自然格外关注，对他们的卷子看得格外仔细。程宿的卷子书法流畅，文理清晰，纵横捭阖，见解独到，太宗边看边微笑颔首，以为老成之士，恩爱有加，御笔一挥，点为头名状元。揭卷后方知其才18岁，太宗非常兴奋，连称天赐英才，大宋必将兴旺发达。谁曾想到，一个小小的山区县，"九山半水半分田"的弹丸之地，建县八年便出了一位状元，消息传来，整个三衢大地为之轰动。在当时县学未建、书院未立的情况下，程宿状元及第纯粹是程氏先辈严格家教的功劳，实属不易。他的事迹带动了整个开化的文风，从此开化中举不断，人才辈出。

4. 程俱

程俱（1078—1144）生于科名鼎盛世家，曾祖父程宿是北宋端拱元年（988）状元，祖父程迪是宋仁宗庆历二年（1042）榜眼，父亲程天民是熙宁六年（1073）进士。母亲是尚书左丞邓润甫的女儿。9岁丧父，随母寓外祖父家，从小饱读诗书，遍览经史。

哲宗绍圣四年（1097），以外祖父邓润甫恩荫入仕，补吴江县（今属江苏）主簿，监舒州太湖（今属安徽）

盐场,建中靖国元年(1101)因上疏触怒当局被黜。徽宗政和元年(1111),起用为泗州临淮县(故址已沦入洪泽湖中)令。

宣和二年(1120),赐上舍上第。三年(1121),任礼部员外郎,以病告归。南宋建炎三年(1129)起用,以太常少卿知秀州。十二月金兵南渡占据临安,攻陷崇德、海盐等县,驰檄诱降。程俱率部守华亭,留兵马都监守城。

绍兴元年(1131),任少监,奏修日历。搜集三馆旧闻辑《麟台故事》呈朝廷,升任中书舍人兼侍讲。曾奏言:"国家之患,在于论事者不敢尽情,当事者不敢任责。……今言不合则见排于当时,事不谐则追咎于始议。故虽有智如陈平,不敢请金以行间;

勇如相如,不敢全璧以抗秦;通财如刘晏,不敢言理财以赡军食。使人人不敢当事,不敢尽谋,则艰危之时,谁与图回而恢复乎?"切中时弊。

绍兴六年(1136),任集贤殿修撰、徽猷阁待制,在宫内敢于提出一些批评和建议,"不安于心者必反复言之,无所畏避"。他这种为人耿直的精神,为朝中正直官员所赞赏。晚年累官至朝议大夫,赐封信安开国伯,食邑九百户。虽然身患严重的风湿病,行动不便,但仍勤勤恳恳,治文治史,整理朝廷文书典籍。

绍兴九年(1139),秦桧荐领史事兼任万寿观提举、实录院修撰,并免朝参。程俱谙秦桧为人,知其意在笼络,力辞不受,告归,卒年67岁。

(二)精神要素

1.勤奋刻苦、废寝忘食的钻研精神

程宿少时就读于杨梅垅书院,自幼聪慧过人,过目成诵,且读书非常刻苦用功,无间寒暑,每至深夜。某年中秋,该地有吃糯米粿的习俗。程宿因潜心书史,竟将一砚墨汁当成芝麻糖汁蘸吃完而不自知。据传又一年深冬,小程宿端坐案前认真夜读,谁料阵阵寒气逼来，从脚下直冷到全身，低头一看，才知炉中的炭火早已熄灭，于是急忙取下壁上的灯笼，直奔一里外的尼庵寻找火种。敲开庵门，当程宿说明来意后，老尼姑望着程宿，笑得喘不过气来。程宿见状不知所措，于是老尼姑笑指灯笼说："汝手持之灯未熄，缘何舍近求远来讨火种？"程宿这才从满脑海的诗文中醒悟过来。自此，状元公"手提灯笼讨火种，墨汁当成芝麻糖"的故事就在当地传开，一直传至今天。

2. "耕读传家"的理念

一个小小的山区县，"九山半水半分田"的弹丸之地，建县八年便出了一位状元，消息传来，整个三衢大地为之轰动。在当时县学未建、书院未立的情况下，程宿状元及第很大程度上是受程氏家族耕读传家理念和严格家教的影响，实属不易。他的事迹带动了整个开化的文风，从此开化中举者不断，人才辈出。

3. 平等竞争、择优录取的原则

科举制度所坚持的"自由报名，统一考试，平等竞争，择优录取，公开张榜"的原则，开启和奠定了公平竞争的考试文化，打破了血缘世袭关系和世族对政治的垄断，对我国古代社会的选官制度是一个直接有力的改革。特别是在科举制度日趋完善的宋朝，采取了特别举措限制"贵家"子弟，这客观上给了平民子弟更容易崭露头角的机会。宋朝不但出现了众多的像程宿这样的"平民"状元，而且很多普通百姓子弟通过科举改变了自身及其家庭的命运。海外不少汉学研究专家也因此把中国的宋朝称为"平民社会"，宋朝也成为中国历史上政治较为开明、社会较为稳定的时代。

（三）制度要素

完善相关配套设施，举办相关活动，弘扬状元文化

近年来，为进一步弘扬状元历史文化，促进乡村旅游发展，北源村先后建造宿公像、状元牌坊、状元长廊，重建云门寺，修缮程氏后裔古建筑5幢，修建生态公厕4个，发展"状元客栈"5家，修建大大小小停车场7个，面积达4000平方米。此外，北源村还以活动为载体，不断加大旅游营销创新力度，连续三年举办状元文化活动，进一步打开了状元文化村的知名度和影响力，每年吸引众多学子前来参观，亲近状元文化，感受状元文化。据介绍，北源村将结合 AAA 级景区村创建，加快旅游配套设施建设，完成芦川桥至大麦山自然村村道拓宽二期工程，并将建成一座占地面积 600 平方米的三层综合服务大楼。同时融入状元文化元素，打造状元菜、状元房，打好"旅游 + 文化"牌，进一步打响"状元文化村"品牌。

（四）语言和象征符号

1. 程宿幼年寒窗苦读故事《手提灯笼讨火种，墨汁当成芝麻糖》

程宿自幼刻苦用功，废寝忘食，潜心书史，其"手提灯笼讨火种，墨汁当成芝麻糖"的故事在当地传开，一直传至今天。

2. 程俱的文学创作

程俱为人伉直，颇有气节，与叶梦得、贺铸友善。作诗也能卓然自立。友人叶梦得称其"兼得唐中叶以后名士众体"（《宋诗纪事》卷四十引）。集中有《和柳子厚诗十七首》，和韦应物诗，有效白居易体，又和了一些陶渊明的诗。他明确提倡学陶诗，同时认为学陶不能是言语上模仿，关键是得其"心源"，要像陶诗那样"妙语自天与"（《读陶靖节诗》）。他的诗多五言古诗，风格清劲古淡。《宋诗钞》说其"取涂韦、柳，以窥陶、谢，萧散古澹，有忘言自足之趣，标致之最高者也"。一生写诗万余首，随写随散，收入《北山小集》中尚有 900 来首。文章典雅闳奥，切中时弊。他为文的主张是："直道虽不可尽行于天下，而天下终不能废直道。"他的文章卓然自立，自成风格，尤以政论为最。散文成就也很高，当时朝中有韩退之的赞誉。程俱平生著作甚丰，有《麟台故事》五卷、《北山小集》四十卷、《宋徽宗实录》二十卷、《默说》三卷、《汉儒绥经图》一卷。对于他的著作，时人和后人评价都很高。《麟台故事》旧本尚存，清乾隆四十一年（1776）五月编入《四库全书》，当时总纂官侍读学士陆锡熊、纪晓岚为《麟台故事》一书重新作序，指出："俱为是书得诸官府旧章，最为详备。""……如此之类凡百余条，皆足以考证异同、补缀疏略，于掌故深为有裨。"认为有很高的史料价值。《北山小集》四十卷，由宋高宗时户部尚书叶梦得为之作序，序云："今观其文，精确深远，议论皆本仁义，而经纬错综之际，则左丘明、班孟坚之用意也。"民国二十三年（1934），王云五为《北山小集》四十卷重版，装帧10册，刊行于市。

3. 列子论

对《列子》中所列的一系列生化现象，程俱认为："物有以形相禅者，则化于显；物有以生受化者，则化于阴。"他将其分为两类：人们可以见到的普通生化现象，这种现象"化于显"；人们不能用肉眼所观察到的生化现象，这种现象"化于阴"。"化于显"，很容易理解；而对"化于阴"，程俱则倾向于佛教的轮回说。他引贾谊《鹏鸟赋》中"忽然为人，何足控揣；化为异物，又何足患"的典故，对照

说明生化的道理。在他看来，"化于阴"的这种现象就相当于佛教所说的轮回，也相当于贾谊所说的"忽然为人，化为异物"。这个解释也很是牵强。佛家轮回说的基础与生化说不同，其以因果为理论基础，而生化说则属于纯粹的万物生化论，不带有任何宗教色彩。虽然从表面上看二者存在相似之处，但实际并不相同。贾谊的观点代表了汉代气论发展下对宇宙生成的新探索，而这种观点我们也很难否定它是否由道家借鉴而来。所以，程俱在这里只是提出问题，而并未解决"化于阴"的问题。因其用轮回解释列子，这也是后世学者总以这一点来攻击《列子》抄袭佛书的一个重要原因。

二、核心基因提取与评价

基于对材料的全面、深入分析，得出北源状元文化的核心基因："勤奋刻苦、废寝忘食的钻研精神""'耕读传家'的理念""平等竞争、择优录取的原则"。

北源状元文化核心文化基因评价依据

评价项目	评价因子	评价依据（特点）	是否
生命力评价	文化基因存续的时间	自出现起延续至今，未曾明显中断	√
		自出现起延续至今，但多次衰微、中断后复兴	
		曾明显衰败，改革开放后开始复活复兴或历史溯源关键环节缺失，难以考证	
		文化形态主体已灭失，现存部分痕迹	
	文化基因的稳定性	在发展过程中保持相当稳定的状态	√
		在发展过程中存在明显的精神内涵、表现形式剧变	
凝聚力评价	文化基因的凝聚力及社会动员效果	曾广泛凝聚起区域群体的力量，显著推动过社会经济文化的发展	
		曾部分凝聚起区域群体力量，对社会经济文化的发展产生过影响	√
		凝聚过力量，创造过实际的发展动能，但未见对社会经济文化发展产生显著改变	
		仅在历史文献或口耳相传中存在，未见实际介入社会经济发展	

评价项目	评价因子	评价依据（特点）	是否
影响力评价	辐射的范围	具有全国性、世界性的影响力	
		具有长三角区域、浙江省影响力	√
		具有市县、乡镇影响力	
	提炼的高度	已经被古代文人士大夫和当代学者提炼为精神符号和理念理论	
		单纯的样式、造型、工艺技术规范	√
发展力评价	与当代精神追求和价值观念的契合	传统文化基因得到创造性转化、创新性发展；区域革命文化基因被完整继承、广泛弘扬；区域社会主义先进文化基因成为与浙江"三个地"相适应的文化高地	
		部分转化、部分弘扬、部分发展	√
		难以转化、难以弘扬、难以发展	
说明：基因特点评价是对解码出来的基因，根据本《导则》表2的要求，围绕"四个力"逐一对表打"√"，进行定性表述			

（一）生命力评价

"状元文化"的价值内核具有跨越历史、穿越时空的永恒魅力。与其他民族文化一样，"状元文化"也是国粹，理应发扬光大。"状元文化"的现实教育价值显而易见，是中国教育文化的重要组成部分。历经时代变迁，"状元文化"的影响力并未减退。现在，好多地方留有状元坊遗迹，有的还专门斥资修葺或复原历史上的状元牌坊和相关遗迹，许多地方成功打造出了状元街、状元公园、状元广场、状元村、状元路、状元文化博物馆等地方"名片"；耳熟能详的有状元红、状元笔、状元糕、状元楼、状元宴、"金榜文化节"等品牌和活动；还有以政府名义举行的"百业状元"表彰大会等。这些现象都反映了官方或民间积极的"状元文化"心态，反映了"状元文化"依然具有强大的生命力，它无时无刻不在影响着人们的价值取向。

（二）凝聚力评价

"状元"情结深入人心。传统文化不仅仅是产生于过去并已沉积的历史文化，还是一种连接过去、现在和未来的生命之流，应当继承并发扬光大。中国人的血液和心灵里都有着中国传统文化的成分和营养。无论官方还是民间，用"状元"说事，折射的都是那种沉淀在中国人血液里的文化情结。文化是一种"记忆"，是民族的记忆，也是民间的记忆，对"状元"这个特定历史产物的尊重，就是对先哲圣贤的尊崇，就是对历史文化的敬重，就是对中华民族优秀精神遗产的坚守和弘扬。

（三）影响力评价

在科举制度和状元文化的作用下，中国建立起了世界上最早最完善的文官政治。唐代取士重诗赋，宋代取士重策论经义，这不仅推动了唐诗宋文的繁荣，而且客观上形成和强化了中华民族的"尚文"特色，造就了大批的文化人才。科举制度的施行，还推动了当时私塾、县学、州学及京师国子监等教育事业的发展，是中国教育的重要里程碑。教育是培养人的，如果说一个民族、一个社会的文化代表是知识分子，那么中国隋代以后历代知识分子的面貌、气质、精神都是由科举制度塑造出来的。可以说科举制度从中国文化土壤中产生出来后，又再造和提升了中国文化。

（四）发展力评价

"状元文化"在当今社会最显著的表现就是重视教育。与此同时，我们应当规避"两耳不闻窗外事，一心只读圣贤书"等畸形教育观和"范进中举"等荒唐故事，因为把培养人的教育简单指向以分数为导向的教育，是对状元文化的严重扭曲。历史上的状元如程宿等人，我们更应看到其"状元"头衔背后的能力与努力。"状元"比之"第一名""名列前茅"之说更富有传统文化意味，这是社会大众健康的文化情结，是一种正常的社会文化现象。打响状元文化品牌，发掘状元精神内涵，是整个社会重视知识、崇尚智慧的主流价值观的体现，也可以启迪同龄人热爱学习，勇争一流，追求卓越。以榜样的力量激励成长，并为社会作出更多的贡献，这才是"状元文化"的题中之义。可见发展力强大。

三、核心基因保存

　　"勤奋刻苦、废寝忘食的钻研精神""'耕读传家'的理念""平等竞争、择优录取的原则"作为"北源状元文化"的核心基因，文字资料保存于《文献通考》、历代《开化县志》等文献中，实物材料保存于开化县长虹乡北源村。

浙西革命斗争纪念馆

钱江源头　开化文化基因

浙西革命斗争纪念馆

　　开化地处浙皖赣三省七县交界处，是衢州市唯一的革命老区县，是党领导下进行革命活动较早的地区之一。在土地革命战争时期，是方志敏等领导的闽浙赣革命根据地和皖浙赣边游击区的重要组成部分，是革命根据地和游击区的浙西中心。开化境内建立了中共闽浙赣省委机关、中共浙皖特委，坚持土地革命和武装斗争长达 7 年之久。红军第十军、红军北上抗日先遣队、红军游击队曾在这里浴血奋战。抗日战争全面爆发初期，南方八省十二个地区的红军游击队在开化集结组编新四军第一、二、三支队，开化成为新四军主力组建地和铁军的源头。

方志敏、陈毅、粟裕等老一辈革命家都在这片红色的土地上留下了战斗的足迹，还有无数开化儿女为了国家独立、民族解放，用生命谱写了一曲曲壮烈之歌。据统计，全县有革命老区村108个，拥有革命旧址、遗迹116处。开化是浙西革命的摇篮，留下了苏维埃运动、北上抗日先遣队征战开化、千里岗游击、新四军在开化集结组编、开化解放等光辉的革命遗迹。

一、要素分解

（一）物质要素

1.特定历史条件下特殊的地理位置

开化地处浙皖赣三省七县交界处，地形以丘陵为主，素有"九山半水半分田"之称。其特殊的地理地貌，为开化成为浙西革命的中心提供了必要条件。

2.闽浙赣苏区、闽浙赣革命根据地

闽浙赣革命根据地的前身——赣东北革命根据地，是由方志敏等共产党人领导创建的。赣东北苏区是中央苏区有力的右翼和东北屏障，曾荣获"苏维埃模范省"的光荣称号，被称为"坚强的苏维埃阵地"。

3.浙西革命斗争纪念馆

纪念馆位于开化县花山路36号玉屏公园内，主体建筑面积2215平方米，总展陈面积1880平方米，展陈设计以浙西地区革命斗争的历史和烈士名录为主线，以革命历史为脉，以史叙事、以事论人。2018年12月开馆至今，已经接待了10万余人次，逐步成为宣传浙西精神的"重要窗口"、"红色精神"教育的主阵地、党员活动的主要场所、青少年德育的主课堂。

（二）精神要素①

1.杀头不叛党的无限忠诚

"天下至德，莫大于忠。"在历史长卷中，我们党之所以不断取得革命、建设和改革的伟大胜利，就是因为一代又一代共产党人始终把忠诚刻在心间、融入血脉，薪火相传、接续奋斗。方志敏就是这样的一位杰出代表。1933年9月，红十军攻克开化县城，引起国民党极大不安。于是国民党下令进行重兵"围剿"。1934年11月新成立的以方志敏为军政委员会主席的红十军团在当年年底遭遇国民党军队追击包围，8000多人在怀玉山英勇战斗，仅有800多人突出重围。1935年1月，方志敏在怀玉山被捕。在狱中，他留下了约13万字的文稿。1935年2月，国民党高层劝方志敏投降，方志敏回复道："若要叛变革命、叛变党，那是可耻的，我永远不答应，永远办不到！"

2.掉肉不掉担的无穷担当

"苟利国家生死以，岂因祸福避趋之。"正是革命先辈们用一副汉子

的铁肩、无穷的担当，革命才能得以接续。1931年9月，中共油溪口支部建立，开辟了浙西通往中央苏区的红色贸易路线。而此时，国民党当局颁发了一系列禁令，使得苏区的食盐、药品等物资供应困难。在赣东北党组织的领导下，开化群众开辟了两条红色贸易路线。几百里路，攀山越岭。从1931年到1934年年底，开化群众给中央苏区运送了几万担食盐以及大量的布匹、药品甚至发报机等重要物资。张志华、何锦文、黄先才等200多名同志在运盐过程中不幸牺牲。

3.流血不丧志的无畏斗争

"山易损，玉可碎，壮士意志不可摧。"一批批共产党人和革命群众，在斗争中始终坚持革命斗志，宁死不屈，充分表现出了勇者无畏的革命豪情。1936年年底，国民党调集10多万兵力"坐镇"衢州，对四省边界地区的党组织和红军游击队实施"清剿"，把浙皖特委地区列为"清剿特区"，赵礼生、江小妹、余云凤、方广荣等大批同志不幸牺牲。虽然游击队员伤亡惨重，但他们志气昂扬，浴血奋战，无畏无惧。

---

① 《弘扬浙西革命斗争精神，建设社会主义现代化国家公园城市》，开化新闻网，2021年6月16日。

4. 舍身不忘义的无悔奉献

"孰知不向边庭苦,纵死犹闻侠骨香。"一批批共产党人和革命群众,顾全大局,前赴后继,甚至奉献生命,为中国革命事业作出巨大的牺牲。中共浙皖特委常委、军分区司令邱老金就是其中一位。1937年2月,邱老金等率领浙皖独立营,与国民党第八十八师一个营在开化何田一带激战,结果损失惨重。战斗至6月,邱老金与只剩20余人的独立营,被围困在开化长虹的天堂山上。敌军搜不到邱老金,认为是当地村民协助隐藏,于是以村民生命要挟,迫使邱老金现身。邱老金闻讯后凛然下山,厉声喝道:"我就是邱老金,把百姓放了!"邱老金被捕后,宁死不屈,最终牺牲。

(三)制度要素

1. 铭记历史,弘扬浙西革命斗争精神

浙西,一片红色的土地,无数革命先辈在此抛头颅洒热血,在血与火中铸就了"杀头不叛党的无限忠诚、掉肉不掉担的无穷担当、流血不丧志的无畏斗争、舍生不忘义的无悔奉献"的浙西革命斗争精神,在浙江红色根脉中书写了浓墨重彩的篇章,也成为新时代取之不尽、用之不竭的宝贵精神财富。弘扬浙西革命斗争精神,让我们铭记历史,警示后人,珍惜和平,开创未来。

2. 践行社会主义核心价值观,落实立德树人根本任务

浙西革命斗争纪念馆是爱国主义教育基地,在那里,可真切感受战争的残酷和中国人民的英勇无畏,深刻学习先辈们不怕困难、艰苦奋斗和乐观向上的精神,培养热爱祖国、热爱家乡的情怀。

3. 深入学习贯彻习近平新时代中国特色社会主义思想

作为红色研学线路教育点,全省各地机关单位的党支部党员以及许多学生组成的参观团体、外地来的旅行团纷纷到浙西革命斗争纪念馆参观学习,深刻铭记历史,正确看待历史,传承红色基因。根据习近平总书记"用好红色资源,传承好红色基因"重要指示精神,充分利用好纪念馆红色文化资源优势,推动馆内红色文化蓬勃发展。通过整体打造,挖掘红色文化底蕴,将红色文化与研学方式相结合,为传承弘扬红色文化注入新的活力。

（四）语言和象征符号

浙西革命斗争精神

浙西革命斗争精神，是指"杀头不叛党的无限忠诚、掉肉不掉担的无穷担当、流血不丧志的无畏斗争、舍生不忘义的无悔奉献"的精神。

二、核心基因提取与评价

基于对材料的全面、深入分析，得出浙西革命斗争纪念馆的核心基因："杀头不叛党的无限忠诚、掉肉不掉担的无穷担当、流血不丧志的无畏斗争、舍生不忘义的无悔奉献"的浙西革命斗争精神。

浙西革命斗争纪念馆核心文化基因评价依据

评价项目	评价因子	评价依据（特点）	是否
生命力评价	文化基因存续的时间	自出现起延续至今，未曾明显中断	√
		自出现起延续至今，但多次衰微、中断后复兴	
		曾明显衰败，复活复兴或历史溯源关键环节缺失，难以考证	
		文化形态主体已部分灭失，现存部分痕迹	
	文化基因的稳定性	在发展过程中保持相当稳定的状态	√
		在发展过程中存在明显的精神内涵、表现形式剧变	
凝聚力评价	文化基因的凝聚力及社会动员效果	曾广泛凝聚起区域群体的力量，显著推动过社会经济文化的发展	√
		曾部分凝聚起区域群体力量，对社会经济文化的发展产生过影响	
		凝聚过力量，创造过实际的发展动能，但未见对社会经济文化发展产生显著改变	
		仅在历史文献或口耳相传中存在，未见实际介入社会经济发展	

续表

评价项目	评价因子	评价依据（特点）	是否
影响力评价	辐射的范围	具有全国性、世界性的影响力	√
		具有长三角区域、浙江省影响力	
		具有市县、乡镇影响力	
	提炼的高度	已经被提炼为红色精神符号和理念理论	√
		单纯的样式、造型、工艺技术规范	
发展力评价	与当代精神追求和价值观念的契合	红色文化基因得到创造性转化、创新性发展；区域革命文化基因被完整继承、广泛弘扬；区域社会主义先进文化基因成为与浙江"三个地"相适应的文化高地	√
		部分转化、部分弘扬、部分发展	
		难以转化、难以弘扬、难以发展	

说明：基因特点评价是对解码出来的基因，根据本《导则》表2的要求，围绕"四个力"逐一对表打"√"，进行定性表述

（一）生命力评价

"杀头不叛党的无限忠诚、掉肉不掉担的无穷担当、流血不丧志的无畏斗争、舍生不忘义的无悔奉献"的浙西革命斗争精神作为浙西革命斗争纪念馆的核心基因，从诞生到现在已有近百年的历史。浙西革命斗争纪念馆的建立，旨在揭露侵华日军在浙西犯下的严重罪行，记载浙江军民浴血抗战的悲壮历史，讴歌浙江抗战的英勇事迹，弘扬伟大的浙西革命斗争精神，以铭记历史，警示后人，珍爱和平，开创未来。在当地广为人知、代代相传，加上各种渠道宣传和党员干部主动学习，这种精神未曾中断。可见生命力强大。

（二）凝聚力评价

浙西革命斗争精神，在其诞生的百余年间于群众中产生强大的向心力和凝聚力。浙西革命斗争纪念馆作为开化红色教育

基地的重心点，充分利用纪念馆的红色教育资源，积极举办各类大型活动，小学生征文活动，小学生拉练活动，小小讲解员培训活动，红色记忆宣讲、道德模范宣讲、文化走读等。近些年作为党性教育、爱国主义教育普及场所，发挥重要作用。可见凝聚力强大。

（三）影响力评价

浙西革命斗争精神对整个浙江产生了巨大的影响。充分利用纪念馆的红色教育资源，给党员干部培训，给群众路线教育、党员宣誓、青少年成年礼、各类主题教育活动的开展提供服务，在弘扬浙西革命斗争精神、开展爱国主义教育等方面产生了广泛和良好的社会影响。可见具有全国性的影响力。

（四）发展力评价

浙西革命斗争精神为发动群众，壮大红色队伍力量，开展爱国主义思想教育，坚定理想信念提供了精神支柱。与学校、部队、党员合作开展红色文化宣传，让更多人了解这一红色文化。红色资源中的"人、物、事"作为红色革命精神的物态载体，是我们保留红色记忆宝贵的历史资料，是中国共产党、中国人民解放军和中国人民不断获取力量的不朽的精神支柱与力量源泉。首先，革命先辈们的理想信念、爱国情怀、革命精神和道德诉求，与时俱进地开发、传播红色革命精神，有助于我们了解红色岁月，保留红色记忆，不仅能够为开展爱国主义教育和革命传统教育提供良好的社会环境和生动的历史教材，而且能够在社会上树立正确的舆论导向，增强教育的感染力和说服力，从而激发人民热爱党、热爱民族与国家，最终增强党的战斗力、民族的凝聚力、国家的竞争力。其次，弘扬红色革命精神是我们党日益成熟的重要表现，党员干部通过红色革命精神的学习，可以进一步提高自身的政治修养，保持自身思想上的先进性。再次，构建社会主义核心价值体系是一项崭新的事业，开发红色资源、弘扬红色革命精神，不仅能进一步增强党和人民的自信心与民族自豪感，还能进一步增强我们党的忧患意识、节俭意识、公仆意识，使我们党始终保持共产党人的政治本色，坚决反对形式主义、官僚主义，坚决反对享乐主义、奢侈浪费，坚决反对各种消极腐败现象，真正做到思想上始终清醒、政治上始终坚定、作风上始终务实，只有这样，党才能始终有效地主导社会主义社会主流意识的发展方向。①

① 张辉：《浅析红色革命精神对构建社会主义核心价值体系的重要作用》，第十一届国史学术年会论文，国史网，2014年11月6日。

三、核心基因保存

　　"杀头不叛党的无限忠诚、掉肉不掉担的无穷担当、流血不丧志的无畏斗争、舍生不忘义的无悔奉献"的浙西革命斗争精神，作为"浙西革命斗争纪念馆"的核心基因，其文字资料主要保存于《红色开化》《中国共产党开化历史》《新四军在开化集结组编部分人员汇编》《开化英模》等文献中。

"浙江文化基因丛书"后记

　　浙江濒海多山，古为百越之地，地少民贫。先民断发文身，披荆斩棘，筚路蓝缕，艰苦创业，卧薪尝胆，徐图自强，始稍为中原所识。山海情怀，越地长歌，独特的地理人文环境孕育出浙江艰苦奋斗、励精图治、百折不挠、勇攀高峰的地域文化性格和兼容并包、发展创新的人文精神。因以鸟虫篆、《越人歌》为表征的楚越文化交融和徐偃王流亡越地、勾践北上争霸等历史事件的发生，越地逐渐融入中原文明。及至东晋衣冠南渡，中原贤良缙绅避乱会稽，兰亭雅集、永嘉诗会，王谢风流所及，中原文化和越文化相互碰撞融合，这片神奇的土地在吸收大量中原先进文化基础上，生发出更多独具特色、丰富璀璨的文化颗粒，散点分布于浙江的山山水水之间。

　　隋唐以降，一条大运河通到钱塘，凡所流经之县域，皆成人文渊薮。浙东唐诗之路，如明珠嵌璧；越窑青瓷，千峰翠色风靡长安。浙江依托这条水上"高速公路"迅速崛起，在经济高效快速地融于全国的同时，也向全国展现了别样精彩的浙江文化，对中原产生巨大影响。唐末五代中原战乱之际，吴越国钱王保境安民，举世惶惶而越地独安，浙江又一次成为全国士子避祸传学之地，浙江的原生文化和中原文化水乳交融，极大地提高了浙江的人文学术水平。及至南宋定都临安（今浙江杭州），孔裔迁衢，杭州乃至浙江逐渐成为中华文化传承发展中心、全国的文化学术高地。有元一代，人文日渐凋敝，而浙江独领风骚。湖州赵孟頫成为有元一代赓续中华文脉之砥柱。赫赫有名的"元四家"，黄公望（常熟人，曾隐居富春）、王蒙（湖州人，曾隐居临平）、吴镇（嘉兴人，曾卖卜钱塘）、倪瓒（无锡人，曾浪迹太湖）在学习传承赵孟頫的文化艺术精髓基础上，各显其能，自成面目，为传承发展中华文化艺术作出了卓越贡献。明清以来，浙江士林，更为全国翘楚，文化勃兴，领袖群伦。浙江文脉渊深，有容乃大，继承发展，才俊迭起。事功之学、阳明心学、浙东学派、南戏越剧、《古文观止》、丝瓷茶剑、西泠印社、兰亭雅集等，更是中华文化中耀眼的明珠。浙东音声，渐如潮涌；黄钟大吕，照灼云霞。

晚清时期，中华危亡。辛亥鼎革，浙江文化所孕育的优秀儿女更是为中华千古未有之变局作出了重要贡献，秋瑾、徐锡麟、蔡元培、章太炎、鲁迅等，允文允武，可歌可泣，数不胜数。为全面赶上世界发展，全省各地掀起了重视文教事业、培养人才、发展经济的高潮。各类藏书楼、图书馆、新式院校纷纷创设，浙江人又一次发扬卧薪尝胆、奋力赶超的浙江精神，使浙江成为当时全国省域文化发达、人才众多的省份。

新中国成立后，浙江人励精图治，无论干部还是群众，都本着务实精神，立足现状，踔厉前行。即便在"文革"时期，浙江的经济、文化发展水平都显著好于其他兄弟省市，这和浙江人文内核的务实精神和文化基因的原生动力息息相关。改革开放以来，浙江更是勇做弄潮儿，充分发挥"四千精神"，培养人才，发展经济，以全国陆域较少、自然资源缺乏的省份，一举成为名列前茅的文化大省、经济强省。

历数千年，浙江以落后的山林草野原生文化，不断与吴楚和中原文化交融互鉴，融合创新，发展壮大，绝非历史偶然。浙江以其独特的文化基因和历史面貌正引起国内外专家学者的广泛兴趣，以期通过对浙江文化的研究来更好地理解中华文明，为中华文明的伟大复兴寻径探源，通过解析全省多点、散点分布的各类文化颗粒和文化价值观、文化形态、文化载体，系统研究、条分缕析在地文化基因和独特的文化原动力。构建中国文化基因理念体系，挖掘文化遗产背后蕴含的哲学思想、人文精神、价值观念、道德规范，是一项新课题、新任务。浙江在推动高水平文旅融合、建设共同富裕示范区的进程中，以解码文化基因为切入点，为构建中国文化基因理念体系提供地方经验。

研究浙江文化基因，就是对披着传统文化外衣的各类庸俗低俗的迷信活动加以甄别，科学分析，正本清源。以挖掘、激活浙江的优秀文化基因为抓手，推进文旅深度融合；有机整合乡村文化礼堂、农家书屋、场馆院团、城市书房等城乡文化资源，丰富群众文化活动。拓展新型公共文化空间，持续推动优质文化资源直达基层。为人民群众创造一个良好的文化大环境，强化文化自觉和文化自信；为浙江文化高质量传承发展厘清路径，为新时代浙江发展优秀的社会主义先进文化打好基础。文化兴则国运兴，文化强则民族强。文化基因的研究以及激活应用是浙江建设文化强省的重要切入点，是民智之本、百年大计。

我们要深入学习贯彻党的二十大精神和习近平文化思想，全面挖掘和激活浙江文化基因，推动新时代中国特色社会主义文化建设。以高质量发展为目标、融合发展为重点，紧扣激活优秀文化基因、提供优秀文化产品这个中心，厚植浙江经济社会发展文化软实力。

2024年1月，全省宣传思想文化工作会议提出，要全面贯彻习近平文化思想。浙江作为文化大省，肩负起新时代文化使命，在优秀传统文化的传承发展领域开展了积极的探索。我们要不断学习贯彻习近平总书记关于中华优秀传统文化的重要论述和关于文明交流互鉴的重要论述，让文化基因的研究成果走入校园、走进课堂，成为鲜活的爱国主义教育载体、生动的"课程思政"教育实践、开放的当代青少年国际视野素养培育抓手。将浙江文化基因研究成果制作成微视频"浙江文化基因"课程（双语），通过教育信息技术实现从碎片到整体、从实地到课堂、从单一到系列的 MOOC/SPOC 转换，实现浙江文化基因在青少年群体中的代际传递，助力文化基因融入当代、植根青年，实践出一条富有浙江特色的文化传承发展新路径，为中国"培养社会主义建设者和接班人"这一宏伟目标服务。

若有所成皆非易，凝心聚力要躬行。各地课题组在当地乡土专家和各地高校文史专家的鼎力协助下，进深山到大海，调研足迹遍布海澨山陬。通过田野调查、走访座谈、查阅历史卷宗、参考海量文献，历时五年形成的研究成果，凝聚了全省各地众多专家学者和乡土文化耆老的心血，他们为浙江的文化事业作出了很大贡献。致敬他们文化溯源的热忱，学习他们极深研几的精神，真诚感谢他们无私奉献的情怀。由于篇幅有限，涉及面广，无法一一详列参与者，在此一并致谢！

吴 越
甲辰年秋于杭州